国家级一流本科专业建设点"小学教育"资助成果
贵州省普通本科高校省级金课建设阶段性成果
贵阳学院"教育硕士专业学位点"建设成果

余文武　编著

东南大学出版社
SOUTHEAST UNIVERSITY PRESS
·南京·

图书在版编目（CIP）数据

德育原理学案 / 余文武编著. —南京：东南大学出版社，2023.8（2025.8 重印）
ISBN 978-7-5766-0822-9

Ⅰ．①德… Ⅱ．①余… Ⅲ．①小学教育-德育-高等学校-教材 Ⅳ．①G621

中国国家版本馆 CIP 数据核字（2023）第 140187 号

责任编辑：周荣虎　责任校对：子雪莲　封面设计：毕　真　责任印制：周荣虎

德育原理学案

编　　著	余文武
出版发行	东南大学出版社
出 版 人	白云飞
社　　址	南京四牌楼 2 号　邮编：210096　电话：025-83793330
网　　址	http://www.seupress.com
电子邮件	press@seupress.com
经　　销	全国各地新华书店
印　　刷	广东虎彩云印刷有限公司
开　　本	787 mm×1 092 mm　1/16
印　　张	8.75
字　　数	224 千字
版　　次	2023 年 8 月第 1 版
印　　次	2025 年 8 月第 2 次印刷
书　　号	ISBN 978-7-5766-0822-9
定　　价	45.00 元

* 本社图书若有印装质量问题，请直接与营销部调换。电话（传真）：025-83791830。

前言
PREFACE

本书是国内基于"明辨式思维"并运用"参与式教学法"来教"德育原理"的最新尝试,亦是对学生"教"与学生"学"的创新性实验。

"德育原理"并不是一门新课,曾任国立北京大学教育学系主任的吴俊升(1901—2000)教授,在1931年获得巴黎大学教育哲学博士学位以后,就曾著有《德育原理》一书。九十年来,虽然这门课的论述体系与时俱化,但是还能捕捉到最初的理论胚芽。学界对于德育本质、德育思想、德育功能、德育目的、德育内容、德育手段、德育方法、道德学习和品德测评的讨论仍然是学术惯例。

本书会遵循一定的业内共识来逐一讨论上述内容体系。鉴于其叙述风格和内容呈现的别具一格,需要在此特别说明作者的编排用意。各章节根据所要讨论的基本原理,专门设置"内容摘要""要点梳理""目标达成""主要活动""活动交代""课余作业""拓展阅读""案例展示"等栏目,旨在达到全面调动学生参与本课程学习的目的。

本书单元一是德育本质,主要讨论学与教的新方法和揭示德育的本质;单元二是德育思想,主要讨论苏霍姆林斯基和洛克的德育思想;单元三是德育功能,主要讨论德育的社会性功能与个体性功能;单元四是德育目的,主要讨论德育目的和德育目标;单元五是德育内容,主要讨论内容反思和课程内容;单元六是德育形式,主要讨论德育方法与德育手段;单元七是师德修养,主要讨论师德修养的主要内容与典型案例;单元八是品德发展,主要讨论社会规范的学习和品德发展。

本书的撰写遵循了问题导向式和参与式教学的原则。各单元、各课节随时运用一个具有效能的问题或案例来引发学习者的思考,从而启动本单元的理论学习和讨论。但是本书要强调的是,教师只为学生提供道义和情感上的支持,鼓励学生提高自主性,其目的是使学生在日后的教育教学中获得可持续的自主学习能力。是故,本书力求避免艰涩的术语和空泛的理论。

参与式教学不仅需要分组讨论、大白纸展示等活动"外形",亦需有效地完成每课节的教学目标和任务,达到优质的教学效果,让学生真正学到德育知识,形成德育能力。因此,在参与式教学中教师要精妙地处理"教教材"与"用教材教"的关系,一方面要有针对性地为学生提供具体可行的指导,另一方面又要避免强势权威的角色,以免阻碍学生从自我内部引出智慧的内核。

本书是基于以学生为中心的教学模式的尝试,其教学策略和教学方法与以往相比,已然发生根本性的变化,师生需要在课堂互动和课外交流中掺入理性的、深层次的思考和探究,而不把书中所讨论之原理作为一成不变的"不易之典"。作者特别希望学生可以从这样的学习方式中得到德性之知和教师技能的双重训练,并能将其所学所获运用到未来的基础教育领域,助益其实教从学的真本领。

本书可作为小学教育本科专业、教育硕士小学教育专业的选用教材,也可选作小学德育教师的参考用书。希望本书的使用者能得到较为愉快的体验。

目录 CONTENTS

单元一	**德育本质**	1
课节 1	学与教的新方法	2
活动 1	游戏导入：谈感受，促思考	2
活动 2	师生互动：组建"微型学习共同体"（学习小组）	5
活动 3	理论储备：班杜拉社会学习理论	6
课节 2	德育的本质	8
活动 1	小组讨论：什么是德育	8
活动 2	情景分析：为什么要学习"德育原理"	10
活动 3	理论提升：德育的起源、概念、本质	12
单元二	**德育思想**	19
课节 1	苏霍姆林斯基	20
活动 1	观赏分享：电影《红樱桃》的片段"集会下的讲话"	20
活动 2	师生互动：追随苏霍姆林斯基	21
活动 3	神圣之旅：去帕夫雷什中学要带什么	28
课节 2	洛克	30
活动 1	观点分享：德行的培养	30
活动 2	研读建议：《教育漫话》	32
活动 3	拓展阅读：教育名家的德育思想/理论	33

单元三　德育功能　37

课节1　德育的社会性功能　38
- 活动1　案例分析：集中营里的幸存者　38
- 活动2　师生互动：科学家如何爱国　39

课节2　德育的个体性功能　43
- 活动1　故事分享：从容赴死的文天祥　43
- 活动2　观点论辩：美德可教吗　47

单元四　德育目的　51

课节1　德育目的　52
- 活动1　案例分析：贼的儿子学艺　52
- 活动2　范文研讨："The True Meaning of Education"　55
- 活动3　反思：如何理解德育目的　57

课节2　德育目标　60
- 活动1　如何理解"君子不器"　60
- 活动2　如何看待小学德育的培育目标　61

单元五　德育内容　65

课节1　德育内容反思　66
- 活动1　哲学思考：如何理解内容与形式　66
- 活动2　永恒经验：古今中外的德育内容　70

课节2　课程内容　77
- 活动1　对课程内容的体认　77
- 活动2　对课程内容的重组　82

目录

单元六　德育形式　　85

课节1　德育方法　　86
- 活动1　理论辨析：如何理解方法与手段　　86
- 活动2　案例析出：五种可用的方法　　89

课节2　德育手段　　92
- 活动1　体认：不合理的德育手段　　92
- 活动2　研习：五种可用的德育手段　　94

单元七　师德修养　　103

课节1　师德内涵　　104
- 活动1　小组讨论：什么是师德　　104
- 活动2　警句剖析：师德问题的核心　　105
- 活动3　师德的主要内容　　106

课节2　师德修养　　107
- 活动1　观看影片《乡村女教师》　　107
- 活动2　师生讨论：范美忠和谭千秋，你会选择当谁　　108

单元八　品德发展　　111

课节1　社会规范学习　　112
- 活动1　案例分析：有趣的错误　　112
- 活动2　理论提升：从别人的规则到自己的规则　　115
- 活动3　一个态度说服的过程　　118

课节2　品德发展　　122
- 活动1　品德发展的实质　　122
- 活动2　研究儿童品德发展的工具　　124

后　记　　129

单元一 德育本质

内容摘要

　　本单元讨论了学与教的新方法,在理解既有学习方式的基础上组建"微型学习共同体"(学习小组)。 通过案例讨论去初步理解德育概念,体会学习"德育原理"的重要性,并初步理解德育的本质及相关德育理论。

　　学习者必须意识到新方法对于旧有习惯的冲击,后者的惯性使我们的每一步教和学都会面临惰性与陋识的联合抵抗,导致我们极不情愿接纳新方法所内含的学案预习,最终功亏一篑,回到"我讲你听式"的老路上去。

　　自动化的学习习惯经反复练习可望形成,但又有因得不到满足而致的不愉快感。 故老师宜在课堂中用具体方法来实际训练学生,尽量让学习方法转化为不再需要意志努力的学习习惯,从而形成个性化的学习风格。

要点梳理

◎ 学与教的新方法

◎ 德育概念与德育本质

◎ 学习"德育原理"的重要性

课节 1
学与教的新方法

🎓 **目标达成** 本课节结束,你要能够:
　　1. 了解学与教的新方法;
　　2. 组建"微型学习共同体"(学习小组);
　　3. 制定由下而上的学习规则;
　　4. 重新认识"学习习惯的形成"。

🎓 **预计时间** 50分钟。

🎓 **活动准备**
　　1. 任课教师准备"班级学生点名册";
　　2. 学习习惯及其影响因素、班杜拉社会学习理论;
　　3. 大白纸、黑色记号笔、彩色记号笔、透明胶布等。(此条以下各单元各课节略)

🎓 **主要活动**
　　活动1　游戏导入:谈感受,促思考。
　　活动2　师生互动:组建"微型学习共同体"(学习小组)。
　　活动3　理论储备:班杜拉社会学习理论。

🖥 活动1　游戏导入:谈感受,促思考

🎓 **活动目标**　了解学与教的新方法。

🎓 **活动交代**
　　1. 参与式教学的理念:参与、分享、快乐;

2. 任课老师向全班学生说明本游戏的规则；

3. 通过学生的切身感受，引发他们思考：如何看待一种积久养成的生活方式或习以为常的学习习惯？

4. 让学生按照新的方式握笔，增加用新的方式握笔的次数和时间，体会当感觉习以为常时就能达到新的适应。这说明我们有理由改变旧的观念，适应新的方法。

活动过程

1. 开场白与理念分享：

(1) 任课老师的开场白：

开 场 白

诸君，在下就是余文武，一位少年顽皮、青年用功、中年害病的大学老师。我的学问不是一流的，但是我的斗志是一流的，因为我曾在省医的病床上裹血力战三十二个月，最终获得新生。因此我对世间生存法则的理解，也许比诸君多一分。而诸君对此不必羡慕，因为那要用血的教训来交换。

这门课差点被取消，那是管理者并未意识到它的重要；而我对"德育原理"倾注了十七年的感情，其间拜会过叶澜先生的弟子易连云教授、鲁洁先生的弟子檀传宝教授，电话请教过瞿葆奎先生的弟子黄向阳教授，他们乃是现时国内德育原理研究的先行者，占据着"德育原理"的制高地。

三位均有名为"德育原理"的著作面世，可我为何又要另起炉灶呢？这要从我的学术经历说起，先逢西南师范大学（现西南大学）唐能赋教授执教"德育原理"，埋下潜心钻研的种子；后又随中山大学李萍教授研习"道德哲学"，打下伦理学的基础；继而到华东师范大学熊川武教授处，领受反思性教学的训练；再而到北京大学陈向明教授的课堂获致参与式教学方法的启迪。在攻读以上学位之时，我仍坚守一线执教"德育原理"于十七届学子，颇有心得。

我的坚守有抢滩学术部落之领地的意味，而鼓动诸君习研"德育原理"，实乃出于磨砺根底之功的考虑。一是时下的德育活动有失科学水准，自发性是其典型特征；二是德育原理失却应有的审辨性思维，教育者啃书本、随大流、拍脑袋；三是德育原则缺略与时代相呼应的步履，因循守旧、徘徊不前。以上诸种注定了我等"旧邦新命"般的历史责任，决意沿用居于前列的参与式教学法，来开启莘莘学子的道德智慧，以回应教育时代之诉求。

基于以上个人意见，我要欢迎诸君加入本课程的学习。它的每一单元都有用心的设计、深刻的内涵和生动的案例，希望诸君喜欢这巧意的内容安排，发挥自己的主体意识，积极地亲近这些案例以及案例背后的学术逻辑。

学界认为内驱力和习惯强度的乘积决定学习。内驱力是零，则反应势能就为零；内驱力加大，则反应势能就加大，加大到多大程度，取决于习惯强度。望诸君反躬自问元认知，将课程的学习提升到最佳状态。

你来评判：开场白有没有做到用一定的词汇手段来显示其谋篇意义？抑或彰显一种与人迥异的表述风格？其语词是否简洁平实、客观中肯、生动怡情？每一句话你都读明白了吗？哪些句子不明白，课后讲出来与小组同学讨论。

(2) 分享参与式教学的基本理念——参与、分享、快乐：

参与：建倡学习者主动地参与其中，并在参与中获得真实的感受与切实的体验，并促使自己成为课堂学习中的主体。（参与是内化发生的前提，也是内化发生的最重要机制）

分享：分享自己引经据典所用的资料，抛出具有开放性、启发性、效能性的问题，并力图讲出自己的独得之见。（有分享的亲历体验，客体才会进入主体的内心结构）

快乐：鼓励学习者畅所欲言、各抒己见，从空洞抽象的说教中跳脱出来，自己可以控制课堂的节奏。（从自主学习中收获充实与快乐，进而激发学习内动力。教的方式发生改变，知识不是教出来的而是小组议出来的）

你怎么看待卡耐基说的"一两重的参与重于一吨重的说教"？

2．活动交代：

(1) 每人拿起钢笔，做写字状，展示握笔法；
(2) 老师走进学生中间查看；
(3) 老师做示范，并纠正不正确的握笔法；
(4) 请学生按照新的握笔法握笔；
(5) 请学生迅速说出自己的感受；
(6) 根据这个游戏思考：当我们改变一种积久养成的生活方式或习以为常的学习习惯时，我们的心态和反应如何？适应变化的情况如何？为适应变化我们需要怎样去努力？

理论补充

习惯涉及个人内部自适应，它是一种自动化行为动力系统。若习惯形成，学习者的优势心理反应会维持习惯，而不是改变习惯。学习习惯得在有意训练中形成，不可能无意识地自发形成。

3．拓展反思：

(1) 如何尽快教会外宾用筷子夹菜吃饭？
(2) 吃西餐时，如何切牛肉？如何用汤勺舀汤？
(3) 吃煎饼果子时，如何抹酱料？如何卷葱段？

活动2 师生互动:组建"微型学习共同体"(学习小组)

活动目标 组建学习小组,订立学习规则。

活动交代

1. 进教室后先按自己的意愿入座,稍后再按分组法落座;
2. 根据总人数,将全班分为 X 组,每组 Y 人(估计除不尽的情况);
3. 按照1～X 循环报数,所报数为相同数字的归为一组;
4. 指定各组的位置,要求学生按组就座(落座即无声);
5. 按组别依次值日,课前将桌凳摆成"饭桌式",课后将其复位;
6. 在本学期的学习中,各组成员相对固定,组长(兼纪检员)、记录员(兼汇报员)、资料整理员(兼音量控制员)可由小组成员轮流担任。

活动过程

1. 老师引言:在学习"德育原理"的过程中,不仅需要老师讲授,而且需要同学们自学(预习＋复习),更需要我们相互之间的交流与合作,达到知识建构与能力培养的目的。是故,我们需要组建"微型学习共同体"(学习小组)。
2. 根据老师的提示,组建"微型学习共同体"(学习小组)。
3. 在小组内介绍自己,用以下的方式重新认识同伴,填写下面的表格。

序号	姓名	高中毕业学校	希望任教学科	兴趣、爱好	会考研吗
1					
2					
3					
4					
5					
6					
7					
8					
9					

4. 小组进行分工,明确组长(兼纪检员)、记录员(兼汇报员)、资料整理员(兼音量控制员)的担任者。

5. 我们小组的名字是:＿＿＿＿＿＿＿＿＿＿＿＿＿＿＿＿＿＿＿＿＿＿＿＿＿＿。
(从以下"大师"中选择:苏格拉底、柏拉图、亚里士多德、昆体良、夸美纽斯、洛克、卢梭、赫尔巴特、第斯多惠、杜威。遵循先报名先冠名的原则。)

6. 本小组在学习中应遵守的基本规则。
(譬如:作息时间、手机使用、倾听、发言、收集资料、研究讨论、考勤、记录、问询、寻求学术支持等方面的规则。)

_____
_____
_____
_____

提示:基本规则是我们学习本门课程的制度保障,全体同学应该予以重视。小组长负责督促组员完成老师的指令性要求及考勤、作业、调研等方面的监督工作。

7. 各组派记录员(兼汇报员)介绍本组情况,包括:组名、组员情况、学习规则、特殊情况。各组组长(兼纪检员)出来会商,提炼出全班的学习规则,用一张大白纸写下来,张贴在教室的墙上作为全体同学恪守的学习规则。

活动3　理论储备:班杜拉社会学习理论

活动目标　探寻养成良好习惯的心理学依据;通过这个活动为以后各单元各课节的学习奠定方法论的基础。

活动交代

1. 用电脑查询班杜拉的观察学习理论、强化理论、模仿行为疗法。
2. 各小组汇报其归纳的三个理论的知识要点(并附例证)。
3. 在社区、村落、学校观察儿童行为,寻找替代学习、替代强化、示范性疗法的生动案例;在学习"单元八　品德发展"时作学术汇报。

活动过程

1. 资料收集:小组分工查询班杜拉的观察学习理论、强化理论、模仿行为疗法。
2. 归纳总结:各个理论的汇报字数与佐证案例的字数均需控制在100字左右。要求:把理论讲透,把证据说清楚。
3. 成果展示:请用自己的话来讲述以下观察学习四阶段的逻辑过程表现。

(榜样示范) → 注意过程 → 保持过程 → 动作再现过程 → 动机过程 → (产生与之匹配的个体行为)

_____
_____
_____

［资料来源：董大敏.班杜拉社会学习理论的当代社会德育意义[J].理论界,2007(4):90-91.］

提示：尝试用同样的方法学习强化理论、模仿行为疗法，并用图示来帮助。

4. 儿童行为观察：请做好儿童行为观察的记录，组长定期检查进度，并向任课老师汇报小组工作进展。在学习单元八之前，每组递交儿童行为观察之替代学习、替代强化、示范性疗法的学术汇报清样稿。以下是汇报题目举例：

（1）一起自我强化的典型案例
（2）若干消极强化的典型案例
（3）我所观察到的破坏性批评

5. 反思：请思考本单元知识获取的路径与以往有什么不同？你对来自文献的佐证案例持什么态度？你对"动手动脚找东西"式的学习方法有什么话要说？

_____
_____
_____
_____

课节 2
德育的本质

🎓 **目标达成**　本课节结束,你要能够:
1. 用自己的语言说出德育概念的内涵;
2. 初步地表述德育本质,优化对德育本质的理论表达;
3. 认识学习"德育原理"对于实教从学的重要性。

🎓 **预计时间**　50 分钟。

🎓 **活动准备**
1. 本课节讨论的案例;
2. 有关德育概念和德育本质的若干论述;
3. 老师选择两位学生,排练情景剧《送给数学老师的帆船》;
4. 在教室前面留出表演情景剧的空间,准备录视频的手机。

🎓 **主要活动**
活动 1　小组讨论:什么是德育?
活动 2　情景分析:为什么要学习"德育原理"?
活动 3　理论提升:德育的起源、概念、本质。

🖥 活动 1　小组讨论:什么是德育

🎓 **活动目标**　用自己的语言说出德育概念的内涵。

🎓 **活动交代**
1. 本活动设计意在引发学生思考:"德育原理"中所述的理论对于德育实践与培育德性的作用和功能;

2. 通过故事以便说明：具有德育理论素养的教师或家长与社会中的一般人在德育活动主体地位上的显著差别；

3. 老师结合各小组讨论的结论，重点强调德育的意义。

活动过程

1. 读两则故事：

顾颉刚的祖母和母亲

顾颉刚称，他的母亲性格非常古怪，动不动就出手责打。顾颉刚若求饶，他的母亲打得更厉害。三岁时顾颉刚半夜尿床，他母亲一下子就把他扔下床去。从那以后，他就和祖母一床睡觉直到十八周岁结婚。因此，顾颉刚描述他的母亲不是"母亲"，而是一位"身材高高而精神非常严峻的年轻奶奶"。

七岁时顾颉刚的母亲患肺病去世，养育之责就交给了他的祖母。一次，家里来了客人，祖母用点心来招待。客人出于礼貌就分了一小点给顾颉刚吃。他的祖母当时好歹不说，待客人离去之后，顾颉刚被打得啃土。

又一次，家里的女佣上街，给顾颉刚带了一点广东饼和橄榄，顾颉刚兴高采烈地接过来，刚要吃，就被祖母发现了，一把夺过来全部扔上房顶，顾颉刚禁不住嚎啕大哭。还有一次，十二岁的顾颉刚被人拉去做媒人，在参加喜筵的时候大醉，全部吐在了人家的新床上。被人背回来后，祖母就把房门关起来，不让他上床，让他在堂屋里哭了一个通宵。

祖母对于顾颉刚的要求是：落到桌子上的米粒要拣到碗里去；"菜过饭，不是饭过菜"，夹菜不许多；不到大寒不得穿棉衣。有了这些经验之后，年幼的顾颉刚每当走过稻香村、采芝斋或点心铺时，再也不敢买零食吃了。

祖母的教育还有一"招"：每天临睡之时，祖母要求顾颉刚检讨一天的行为，如果做错了事，像说了谎话、脏话，或者和小朋友打架等等，便叫他写在纸条上，贴到帐顶上。第二天早晨睁开眼睛第一件事情就是叫他把纸条上的过失诵读几遍，表示悔过。犯了再犯，要另加体罚。

（资料来源：同道.国学大师之死[M].北京：当代中国出版社，2006：183-184.）

幼时他的奶奶怕他受到伤害，一直让人抱着他，不让他下地，吃饭让人喂，碰到吃鱼，一定要把刺挑净了才给他吃。娇生惯养的结果是，顾颉刚生活自理能力极差，六岁上私塾时还不会端碗，一辈子都不会吃鱼。

[资料来源：汪修荣.国学大师顾颉刚其人其事[J].国学，2008(7)：8-10.]

遗尿症儿童的父亲

一位父亲领着九岁的儿子前来咨询儿子尿床的事情。按常规做法，我将孩子打发到另一房间后，先问这位父亲小时候是否尿床，尿到几岁。这位父亲很惊讶地反问"难道这也遗传"，并难为情地告诉我他小时候尿床一直到初中二年级。

（资料来源：钱志亮.儿童问题咨询实用手册：生理卷[M].桂林：广西师范大学出版社，2005：109.）

2. 分小组讨论以下问题：

(1) 故事中母亲、奶奶和父亲处理问题的方式是什么？故事中"我"（指钱志亮老师）处理问题的方式又是什么？

(2) 试分析故事中"我"（指钱志亮老师）有办法的原因。

(3) 你从两则故事中得到什么启示？你怎样看待家庭德育？你又怎样定义德育？

3. 小组汇报员代表小组发言，向全班同学汇报小组结论，各组记录员记录发言要点。
4. 老师总结，引导学生初步认识、概括"德育的概念"，供以后再行纠正。

活动2　情景分析：为什么要学习"德育原理"

活动目标　体会"德育原理"的知识和理论在实教从学过程中的重要性。

活动交代
1. 利用情景表演的方式，让学生体会到一线教师在教书育人过程中存在的问题，深入地思考他们的教育思想观念；
2. 学生尝试用感性或理性的话语来表达自己的看法；
3. 老师引导学生理解德育本质，并适时强调"德育原理"的重要性。

活动过程

1. 观看情景剧：

送给数学老师的帆船

教师节前夜，外甥女在妈妈的帮助下用铜版纸做了一艘精美的帆船。教师节清晨，她便步入教室，毕恭毕敬地将之赠送给她的数学老师。数学老师一手拿书磨课，一手拿烟在抽。头也不抬，淡淡地说，你就放在讲台上吧。过了一会儿，等孩子们都走进教室的时候，大家发现老师已经把烟灰弹在铜版纸做的帆船里面。

（案例来源：张文质.唇舌的授权：张文质教育随笔[M].福州：福建教育出版社，2001：163-164.）

2. 回答以下问题：

（1）从数学老师的言行中，你发现了什么？

（2）应该以怎样的方式对待那位女孩？

_____
_____
_____
_____

3. 从各小组中随机抽取学生发言，让其说出对于此事件的看法。

4. 阅读"反教育"案例：

据《广州日报》2001年10月18日报道：为了对付调皮淘气、影响课堂纪律的学生，广州一些学校的老师在教室前面的左边或右边单独设置一个或几个特殊的座位让这些学生坐，这样的座位被称作"红椅子"。一位女同学说，坐"红椅子"很不光彩，她要设法避免这样的待遇。另据《北京晚报》报道："十一"过后，北京宣武区某小学上二年级的文文班上的同学被分成两派。一派入队的同学戴上了红领巾，而如文文一样没有入队的同学则戴上了"绿领巾"，文文的情绪为之非常低落。

[案例来源：傅宝英.学校应当矫治心灵施暴：由"红椅子""绿领巾"引起的思考[J].中国电子教育，2002(1)：6.]

5. 说出你的观点：

（1）你认为以上两则"反教育行为"案例的问题出在哪里？

_____
_____

（2）你怎么理解陈廼臣的观点？

教育内含教导和学习。反之并不一定为真。譬如，有教有学不见得是教育。因为教育富含价值性。

（资料来源：陈廼臣.教育哲学[M].台北：台湾心理出版社，1990：223.）

（3）查阅相关文献来寻求答案。你对于"教师德育专业化"这样的命题有什么意见要发表？

（4）小组总结。讨论掌握德育原理对于教育实践的重要性；和全班同学分享小组对于德育本质的理解，以及对"德育原理"之重要性的理解。

活动3　理论提升：德育的起源、概念、本质

活动目标　通过讨论或论辩的方式来达到理解德育的起源、概念、本质的目标。

活动交代

1. 通过阅读案例来了解动物的社会性本能、模仿学习和经验传递，结合文献查阅来体会道德起源的自然史基础、德育起源的自然史基础、德育起源的生理心理基础，以及德育起源的人与社会发展基础；

2. 基于对"德和育"的语源学考察，用"下定义"的方式来理解德育的内涵，用讨论德育三要素的方式来理解德育的外延；

3. 基于对人生、人格和人性的讨论，借助审辨式思维来理解人性与教育（或德育）的关系，从而加深对于德育本质的理解。

活动过程

1. 阅读以下两个材料，然后以小组为单位讨论问题。

黑猩猩遭到的惩罚

学者德瓦尔指出：人类道德的根基与公正感并不像有些生物学家所说的那样为人类所专有；相反，它起源于哺乳动物，特别是灵长类动物的社会性行为。灵长类动物的认知能力和互惠公正感是人类道德的基础。他研究发现，恒河猴和短尾猴能分享食物，相互喂食。有些黑猩猩很自私，拒绝与其他黑猩猩甚至是自己的子女分享食物。同伴对它的反应相当公正，也拒绝与它分享。几乎所有的猿都有移情能力，因为它们都表现出自我意识。黑猩猩还能执行人定规则。在荷兰的阿纳姆动物园，德瓦尔观察到两只黑猩猩因为破坏规则而

受到严厉的惩罚。人定规则是只有全部黑猩猩都回笼后才会提供晚饭。这两只少年黑猩猩在外超过了两个小时,完全无视它们那些饥饿的同伴,以至于管理者只好把这两只黑猩猩与整群黑猩猩分开一个夜晚。但其他黑猩猩只是延迟了对它们的报复。当所有的黑猩猩在第二天早上被放出笼子时,这两个倒霉的迟到者遭到了攻击和殴打。

食蟹猴用头发当牙线

动物会使用工具已被科学研究所证明。但是个别动物使用工具的行为是如何扩展到群体的呢?日本科学家就此曾对泰国的食蟹猴展开研究,发现它们用人的头发当牙线来清洁牙齿。母猴在小猴子面前使用牙线时,有更多的停顿动作。研究者将之描述为母猴使用夸张动作来教会小猴。

(资料来源:塔比瑟,布朗.道德的进化[M]//赵志毅.德育原理与方法.北京:人民教育出版社,2013:10-13.)

(1) 这两只少年黑猩猩为什么遭到同伴的攻击和殴打?

(2) 以上事实可否说明像黑猩猩这样的灵长类动物拥有人类所理解的那种被称为"道德感"的意识或"社会性本能"?

(3) 在其他较低级的群居性动物中,是否也存在这样的社会性本能?联系生活中的例子说明。

(4) 食蟹猴的这种有意识的模仿学习与传递经验技能的活动是不是一种普遍的现象?是不是存在于所有的猴群或社会性动物中?

(5) 可否由以上案例推论出人类的教育起源亦具有自然史基础?我们应如何看待社会性动物的有意识的"规则教育"?

2. 跟着老师写一写甲骨文、金文的"德"和"育",记下它们的本义和引申义,课后向非教育专业的同学讲一讲你对这两个字的见地。
_____
_____
_____

3. 用"下定义"的方式来理解德育的内涵。查阅学界关于德育的定义,分组讨论,然后推举汇报员发表小组意见并说出小组所认同之定义的理由。
_____
_____
_____
_____
_____

在此类的活动中,我们假设老师是学生的咨询者、倾听者、提供批评的朋友和专家的角色。一是到各组去倾听,主要为学生提供道义上的支持,提高他们的自主性,但亦需考虑本科教育专业学生所处的专业发展阶段,引导和诊断问题宜采取适当的切入方式;二是设法平等地为学生提供建设性意见,尤其是情感和智力上的支持,力争赢得学生的信任;三是作为咨询者的意图和可信度得到学生的认可,还有咨询者的权力、权威得到学生的认可。最后,由于老师具有一定的知识积淀和能力素养,切忌不要有高高在上的权威姿态。

4. 通过德育三要素——德育主体、德育客体、德育内容所对应的三个问题来理解德育的外延。

(1) 如何理解"没有无教育的教学"? 此处教育可专指道德教育。
_____
_____
_____

(2) 对处于具体运算期的小学教育阶段,德育的侧重点应该在哪?
_____
_____
_____

(3) 在中国,为什么说"德育即道德教育"的观点值得商榷?
_____
_____
_____

5. 请阅读哲学家邓晓芒教授之人生、人格与人性的观点并回答问题。

什么是人生? 真正的人生是从一个人脱离家庭的庇护而走上社会的时候开始的。当人意识到自己是一个"人",而不只是家庭的一分子,当人意识到他的处境同其他"人"没有任何两样,他必须靠自己的双手和头脑为自己争得在社会上立足成人的资格,这时候,他的"人生"就开始了。而在此之前,他的家庭生活、学生生活都只不过是在为他踏入人生作准备而已。

人之成人的标志就在于他有一个人格,这个人格是他时时关注、着力打造、小心维护并坚持一生的,是他作为一个人存在的基础。它给他提供主见、决断、追求的目标和评价的标准,而不在乎外界的成见和众人的关注。一个有人格意识的人是一个有原则的人,他分得清什么是违背自己人生信条的,什么是自己应该万死而不辞的。而他的原则经过反复的独立思考,是建立在他确信无疑的自由意志之上的,而不是未经思考由别人给自己安排停当的。

中国人自古以来把人性归结为以家庭血缘关系为模式的等级名分(礼),而把一切违背这一等级模式的行为直呼为"禽兽"。从此以后,便无法懂得把人与自然从根本上区别开来的标准和界线,因为血缘关系仍然不过是一种自然关系。人们只是在自然关系内部划分人与兽,因而并不能够真正把人与兽、人性与兽性划分开来。我们由此可知,为什么有人总是用对待兽的办法来对待人了。

(资料来源:邓晓芒.人论三题[M].重庆:重庆大学出版社,2008:3.)

(1) 讨论德育的本质,需要涉及德育主体、德育客体与德育内容等三要素。而要论及要素中人的因素,就避免不了与人相关的话题。人生、人格和人性是我们讨论人的一个切入口。说说你对这个逻辑理路的理解。

_____

_____

(2) 邓晓芒对人生的理解是来自教育还是自我教育?你认为什么是人生?他所言之人格与心理学所言之人格是一回事儿吗?前者所述之人格,其形成的可能路径是什么?

_____

_____

(3) 邓晓芒点明了中国人对人性认识的偏差。若把"人"与"物""动物"和"神"相区分,以物性、动物性和神性为参照系,人性会得出不同的规定性。对此你怎么看?

_____

_____

6. 请阅读《教育与人性》节选片段,并回答问题。

"我们从很小起,就不曾想过自己是人——在什么意义上而言是人,或人的定义,人的属性、人的精神与肉体的关系等等都不曾想过,无论父母、老师或社会舆论那里,我们听到的只是如何做人和做什么样的人。"[①]你同意这个说法吗?我们在学做人,但人是什么?这样的追问必然会追溯到"人性"问题。以下是以物性、动物性和神性为参照系推导出的人性的不同规定性:

生物性。人需要通过与外界进行物质、能量和信息的交换来维持个体生命的延续和人

---

① 陈家琪.话语的真相[M].上海:上海人民出版社,1998:261.

类种族的繁衍,而物却没有这样的需要和可能。无食,作为个体生命的人将不会存在,无性,作为类存在的人将不会存在。但若把生物本能贬损为动物性或兽性,片面地强调人性与兽性的区别与对立,甚至以否定、扭曲人的生物本能的方式来抬高人的社会性和精神性,就会在理论上造成诱导和欺骗,在实践上造成对人的控制与损害。

社会性。与动物性/兽性相对,人性体现在人的社会性之中。人经由劳动与文化超越了动物本能与环境限制,在形塑环境的过程中改变自身,使人性中的生物性本能有了社会性的实现方式。不过,并非所有的社会性都体现着人性,集中营、大屠杀、侵略战争等病态性社会性就是人性的弱点与丑陋,是人的生物性与社会性之间矛盾的激化。人性的弱点与丑陋不是什么兽性的发作,而是病态的、异化的社会性误导了人的生物本能的结果。对此,教育应有所作为。

精神性。与神性相对的人性体现为人的精神性。神由人创造,乃全知全能之化身。神性即人对自身局限性的一种精神超越,是人追求自身本质力量不断强大的精神投射。人依靠其独特的精神世界和文化存在,超越有限、追求无限,并使人性具有接近神性的可能。然而理性有其限度,不可无限膨胀,不可取代人的主体地位,否则理性会变成神性,丧失启蒙的价值。神化的理性不再是人类本质力量的体现,而是变成人性异化的根源。

[参阅:宋剑,扈中平.教育与人性:教育人学研究的永恒命题[J].教育理论与实践,2007(9):8-10.以上结论根据此文献归纳整理。]

(1) 面对"沉重的肉身",你认为教育应该怎么办?如何规避"教育万能论"或"教育无用论"的困境?

_____
_____
_____
_____

(2) 怎样做才将使人性的生物性与社会性在自由和秩序的辩证矛盾中得以统一?怎样做才会使教育对人性的建构是坚实的、可靠的?

_____
_____
_____
_____

(3) 如果教育不仅仅限制在承担人性生成与建构的重任方面,那它的独特价值在哪里?请你用生动的案例来佐证教育的作为。

_____
_____
_____
_____

(4) 课后查阅:莫兰.迷失的范式:人性研究[M].北京:北京大学出版社,1999.
重点阅读"第六章 人的半岛似的概念",进一步领会人性概念。
提示:本质是与现象相对应的范畴,是指一事物区别于其他事物的特殊规定性。德育的本质就是德育区别于其他事物的根本性质,是德育的基本要素的内在联系和德育内部所包含的一系列必然性。

课余作业

1. 由学习委员负责建一个德育原理的QQ讨论群,每位学生需在群里发表自己对于本门课的初步认识、看法、建议和期待。

2. 查找资料,理会福柯的"规训"的含义和鲁洁的"生活说"理念。参考福柯的《规训与惩罚:监狱的诞生》一书以及鲁洁的《教育的返本归真——德育之根基所在》一文。

拓展阅读

课后请阅读以下文献,重点阅读其中涉及教育的观点或论述。

[1] 蒋方舟. 我承认我不曾历经沧桑[M]. 桂林:广西师范大学出版社,2013.
[2] 俞敏洪. 大河奔流的精神[M]. 北京:群言出版社,2012.
[3] 俞敏洪. 俞敏洪口述:在痛苦的世界中尽力而为[M]. 北京:当代中国出版社,2012.
[4] 钱文忠. 钱文忠漫谈人生[M]. 武汉:长江文艺出版社,2013.
[5] 凤凰书品. 锵锵三人行:跟陈丹青聊天[M]. 长沙:湖南文艺出版社,2012.
[6] 钱理群. 活着的理由[M]. 桂林广西师范大学出版社,2010.
[7] 吴琦幸. 王元化晚年谈话录[M]. 上海:上海人民出版社,2013.
[8] 贺卫方. 逍遥法外[M]. 北京:中信出版社,2013.
[9] 杨东平. 教育的智慧[M]. 上海:上海科学技术文献出版社,2014.
[10] 沈从文. 中国人的病[M]. 北京:新星出版社,2011.
[11] 达尔文. 物种起源[M]. 苗德岁,译. 南京:译林出版社,2013.
[12] 达尔文. 人类的由来[M]. 潘光旦,胡寿文,译. 北京:商务印书馆,1983.
[13] 福柯. 规训与惩罚[M]. 刘北成,杨远婴,译. 北京:生活·读书·新知三联书店,2012.
[14] 诺博特. 何为道德:一本哲学导论[M]. 董璐,译. 北京:北京大学出版社,2014.
[15] 梁启超. 梁启超讲阳明心学[M]. 许葆云,评注. 西安:陕西人民出版社,2014.
[16] 李泽厚. 李泽厚对话集:与刘再复对谈[M]. 北京:中华书局,2014.
[17] 张冠生. 晴耕雨读[M]. 北京:新星出版社,2014.
[18] 郑也夫. 吾国教育病理[M]. 北京:中信出版社,2013.
[19] 莫兰. 迷失的范式:人性研究[M]. 北京:北京大学出版社,1999.

案例展示

电影《放牛班的春天》赏析。

设计意图与目标:通过对影片中的案例片段进行讨论和分析,让学生进一步理解和体会学习德育原理这门课程的价值。

活动准备与过程：组织学生集体或自行观看影片《放牛班的春天》，然后分组讨论如下片段：

（1）电影中有一次考试的情景，皮比诺连"五乘七等于多少"这样的问题都回答不了，你如何看待？

（2）你如何评价马修老师向校长提出的三个条件？不体罚学生，让他来处罚犯事的学生，不透露学生的名字。

（3）你对于马修老师运用音乐，并使之成为影响放牛班学生心灵的重要资源是如何认识的？

（4）电影最后一个场景，皮比诺希望马修老师带他这个战争孤儿离开，马修老师先说他没有授权，但最后还是把他带走，你怎么看？

（5）你认为影片最感人之处在哪？

思考题

1. 针对有学者建议把心理健康教育纳入德育的范畴，西华师范大学冯文全教授认为这种观点未免太离谱，因为他认为一个人心理是否健康，有无心理障碍等绝不属于一个人的思想品德问题，而是一个纯粹的心理问题。对此你怎么看？

2. 试分析"德育三要素组成的有机系统处于协调有序的运作状态时，它才是真正意义上的德育"。你如何看待德育三要素是缺一不可的？

3. 试从课堂讨论得出的关于科学定义法（古典定义法）的原则的认识的角度，对本书作者所采信的德育定义进行检验。你如何看待对于德育本质的彻底认识？

4. 你认为"规范说"的困境和"生活说"的理论盲点在哪里？

单元二　德育思想

内容摘要

本单元讨论了外国教育名家苏霍姆林斯基和洛克的德育思想，以及中国教育哲学家陆有铨的德育思想。通过精细、具体而非宏大的陈述，要求同学们研读体现三位名家之德育思想的文本，结合中国教育的现实问题，从中寻找可堪借鉴的德育观点，在老师的引导下学会掌握名家之德育思想/理论的方法。

苏霍姆林斯基是列宁、斯大林时代培养出来的优秀人才，曾引起世界各国教育界人士的注目。他17岁任小学老师，后入苏联红军参加卫国战争，以残疾军人身份复员到学校，是乌克兰社会主义加盟共和国功勋教师、苏联教育科学院通讯院士，著有41部专著、600余篇论文，以及1200篇童话、故事和短篇小说。

洛克是英国哲学家、经验主义的开创人，曾任牛津大学希腊文、修辞学、伦理学教师。《教育漫话》的雏形是其与朋友葛拉克的书信札记，其间流露出他对学校教育的蔑视和对绅士教育的推崇，内容涉及健康教育、道德教育、知识与技能教育。但其思想有教育万能论倾向。

要点梳理

◎ 苏霍姆林斯基的德育思想
◎ 洛克的德育思想
◎ 学习教育名家之德育思想
◎ 陆有铨的德育思想

课节 1
苏霍姆林斯基

🎓 **目标达成**　本课节结束,你要能够:
1. 了解苏联帕夫雷什中学德育的具体做法;
2. 识记苏霍姆林斯基德育思想的主要观点;
3. 从苏霍姆林斯基处获取有价值的观点和做法。

🎓 **预计时间**　50分钟。

🎓 **活动准备**
1. 苏霍姆林斯基的画像一幅,规格:35 cm×88 cm;
2. 用于本课节讨论的案例。

🎓 **主要活动**
活动1　观赏分享:电影《红樱桃》的片段"集会下的讲话"。
活动2　师生互动:追随苏霍姆林斯基。
活动3　神圣之旅:去帕夫雷什中学要带什么?

💻 活动1　观赏分享:电影《红樱桃》的片段"集会下的讲话"

🎓 **活动目标**　通过影片了解苏联学校德育的具体做法。

🎓 **活动交代**
1. 结合单元一的内容,让学生在个人收集资料、网上查询的基础上,说出自己对于德育概念的理解,以此作为复习。

2. 以小组为单位观看电影片段。老师启发学生说出各自对于电影《红樱桃》中罗小蛮的在校表现，初步评价"集会下的讲话"。

3. 任课老师可以选择性地要求某组集中回答一个问题。

4. 任课老师要力争对各组不同观点做一次集中的评述。

活动过程

1. 任课老师对电影《红樱桃》做适当的介绍，播放电影片段：罗小蛮和同学们洗澡时搞恶作剧致使房屋坍塌，导致汤亚婶婶走光，以及他在集会上面对全体同学认错。

2. "国旗下的讲话"作为一种生动的教育形式，不是可有可无的。其庄严肃穆的仪式、雄壮豪迈的国歌、高亢清越的演讲所营造的听讲氛围，成为中国学子心中永远的集体记忆。电影中的片段，校方领导没有"包讲"，而是由罗小蛮代表捣蛋者发言，有一种因势利导、现身说法的意味。

（1）请用心理学理论来解释上述活动中教育者的意图。

_____
_____
_____

（2）为了增强说理的力量，你认为应如何创新设计"国旗下的讲话"？并说出你的学理依据。

_____
_____
_____

3. 请同学们课后自行观看这部电影的全部内容，集中讨论本单元末案例展示中的三个情景，重点思考苏联教育对中国教育的深刻影响。

_____
_____
_____

活动 2 师生互动：追随苏霍姆林斯基

活动目标 苏霍姆林斯基德育思想的主要观点。

活动交代

1. 通过网络查询的方式，考察中国基础教育界有哪些名师在追随苏霍姆林斯基，哪些名师实际到访过帕夫雷什中学；

2. 讨论《追随苏霍姆林斯基》（李镇西著），反思教育界对苏霍姆林斯基教育思想的认同问题，并讨论李镇西的观点；

3. 根据老师提供的苏霍姆林斯基的著述内容,逐次讨论敏感心和同情心的培养、诚实和荣誉感的培养、六种教育影响的合力等思想观点;

4. 结合教育实际,举例说明中国教育者可以从中学到什么。

活动过程

1. 考察中国基础教育界追随苏霍姆林斯基的实情。

(1) 查一查,有哪些学者和校长到访过苏霍姆林斯基的学校?有哪些学者和校长到乌克兰参加过学术会议?有哪些文字材料值得我们一读?

_____

_____

(2) 苏霍姆林斯基研究者、研究著述:

① 以名师李镇西的《追随苏霍姆林斯基》为例,请同学们用英文翻出这个书名:_____
_____(苏霍姆林斯基——В. А. Сухомлинский)。

② 列举李镇西认同苏霍姆林斯基教育思想的书面证据。

_____

_____

③ 列举三册中国学者关于苏霍姆林斯基的研究著述,并简述其内容摘要。

_____

_____

_____

2. 阅读以下资料,分组讨论李镇西的观点,说出小组赞同或反对的理由。

读教育学著作,我最怕读到诸如"后××主义""结构效度""认知编码""心理复合体"之类深奥、晦涩的名词术语——也许这些术语本身是科学的,但无奈我一看就头疼,因而连书也索性丢在一边。而且,我敢说,这种心灵的折磨不只我独有,恐怕许多第一线的教师都有过类似的自卑体验。

而读苏霍姆林斯基的著作是例外。相信绝大多数读了《给教师的一百条建议》《把整个心灵献给孩子》《帕夫雷什中学》《让少年一代健康成长》《要相信孩子》等著作的人,都会惊叹:"原来教育学理论居然还可以写得这样平易而富有魅力!"

(资料来源:李镇西.追随苏霍姆林斯基[M].上海:华东师范大学出版社,2009:1.)

_____

_____

3. 根据同学们的预读、讨论,以及老师的提示,请思考以下的问题,作为解决我们对苏霍姆林斯基的认同问题:

(1) 有学者认为,苏霍姆林斯基并没有严密的理论体系,并认为他不是一位教育家,至多是一位教育实践家。对此,你怎么看?

单元二　德育思想

观点采撷　苏霍姆林斯基从17岁到52岁的35年当中,一直耕耘在教育一线,其中在帕夫雷什中学担任校长23年,领衔建设的实力雄厚、富有特色的教育集体,成为闻名世界的教育圣地。办学需要教育思想作指导,作为新型的社会主义国家的乡村中学,苏霍姆林斯基没有可堪效仿的模板,他依据的是基于自己丰富的办学经验而形成的系统的教育思想。他有清醒的独立判断,譬如苏联曾完全取消劳动课,苏霍姆林斯基则依然坚持推行劳动教育;而又在学生劳动过量的情况之下,站出来反对偏颇之举。

（2）顾明远先生认为苏霍姆林斯基的教育思想兼具丰富性、全面性与深刻性。你如何看待这样的评价？以下观点采撷中的句子,哪些不是评价性句子？请你剔除出来。

观点采撷　① 苏霍姆林斯基先后教过3700名学生,曾对这些学生逐个观察、了解,写下3700页观察笔记,每天听课两节、上课两节,几十年如一日;其学校被称为"教育学研究室";其著述被称为"学校生活的百科全书""活的教育学"。② 深入研究学生的德、智、体、美、劳等诸方面教育,尝试用自己个性化的语言来描述复杂、精微的教育事象,并力图用教育实际来证实其观点;对教育问题的关注不仅限于帕夫雷什中学,和全国的教育界同行保持密切的联系。③ 其教育思想"不仅旨在解决今天的学校任务,而且旨在发展明天的教育学",体现了对时代要求的敏感性。

（3）为什么李镇西校长认为苏霍姆林斯基的教育观点放到今天也没有过时？请用生动、实际的案例来说明。

观点采撷

苏霍姆林斯基的教育思想

不是对别人的知识的简单领会,不是单纯的理论认识,而是在对教育事业的孜孜不倦地追求与身体力行的实践中,不断思考与凝练而成独具一格的体悟。

譬如,帕夫雷什中学一直坚持校长选举制,确保有公信力和领导力的人执掌学校;而集体得出结论的不称职老师,则要被请出校内。这些都是原创性的办学举措,确保了教育集体的生命力。其教育观点不落伍在于它紧扣社会主义教育事业,生成于办学实践和教育研究,具有超强的现实针对性。

4. 敏感心和同情心的培养。

苏霍姆林斯基的著述堪称一座教育学宝库,那些闪光的细节、活的教育学细胞,以巨大的能量在启迪中国的教师。由于苏霍姆林斯基的独特的表述方式,我们在阅读时需要提取框架、梳理结构、择其精要、指出关键,这样才可能理解苏霍姆林斯基的真正贡献。

请根据老师事先安排的阅读作业,概括苏霍姆林斯基关于"敏感心和同情心的培养"的观点,在其著述中找到对应的段落和句子,并尝试将如下问题作为理解此部分的关键。

(1) 人道主义的入门教育是什么?

(2) 如何培养孩子们对人的精神世界的敏感性和对人的需求?

(3) 如何帮助学生形成他们的个人信念和个人观点?

(4) 如何理解别林斯基的话:"我们会成为木匠,会成为钳工,会成为工厂主,但会不会成为一个人还是个问题!"

(5) 在"敏感心和同情心的培养"一节中,苏霍姆林斯基提及了什么心理学理论?请在原书中把它勾画出来,并写下你对此的见解。

5. 诚实和荣誉感的培养。

用自己的话来表达你对以下观点、见解或问题的理解。在我们的小学教育工作中,如何完成诚实与荣誉感的培养任务?请提出具体可行的办法。

(1) 两种"真理"的危害体现在哪?(即一种用于日常生活,一种用于会议发言)

（2）如何引导青少年像珍惜个人荣誉那样珍惜共产主义信念？

_____
_____
_____

（3）为什么我们不允许去抹杀、粉饰、掩盖生活中的坏事和回避生活中存在的问题？

_____
_____
_____

（4）如何巧妙地安排育人环境，以便高明地谴责那些不诚实、不道德的行为？

_____
_____
_____

（5）在校内怎样建设家长室以辅助学校教育工作？

_____
_____
_____

6. 六种教育影响的合力。

分组讨论六个方面的力量，思考如何形成合力。待完成"教师的直接影响""家庭教育""儿童集体的教育影响""学生的自我教育""书籍的威力""小伙伴的影响"等内容的学习之后，小组汇报员陈述本组基于六种教育影响的合力而开创出的创新教育方法。

_____
_____

（1）教师的直接影响。

教师魅力构成的因素有哪些？学科老师如何展现自身的魅力？

_____
_____
_____
_____

资料援引　日本学者继有恒在研究中发现，喜欢某位教师的小学生中80%想成为像这位教师一样的人。在科尔的调查中，喜欢某位教师的中学生中有60%喜欢这位教师所任的学科，并认为这一学科更有价值，在平时的学习中花费的时间更多。分析教师魅力的构成因素，有助于教师正确认识和提高自身魅力，增强教育教学吸引力。

［资料来源：李向东. 教师魅力构成因素分析［J］. 现代技能开发，2000（5）：8-9.］

(2) 家庭教育。

"家长教育学"是怎样的一门学问？它应该包括哪些方面的知识？

_____
_____
_____

推荐阅读 请至图书馆查阅或购买以下图书并阅读：傅敏《傅雷家书》，邓佐君《家庭教育学》，吴航《家庭教育学基础》，赵忠心《家庭教育学：教育子女的科学与艺术》。

(3) 儿童集体的教育影响。

如何理解"集体"是教育的工具？若你从事小学教育工作，如何指导学生建立学科小组和劳动创造小组？

_____
_____
_____

资料援引 关于小学儿童集体观念发展研究的观点：① 我国小学儿童从 7 岁起，集体意识已经开始出现，但是 7 岁儿童只是初步具有把为集体与为个人的行为动机分化出来的能力；② 我国小学儿童集体观念的形成存在着明显的年龄差异现象，选择为集体的行为动机的人数比例逐年递增，在 9 岁前后出现重大变化；③ 我国小学各年龄的大多数儿童在执行集体委托和维护集体利益的行为方面，选择为集体的行为动机均占绝对优势，但在关心集体荣誉的行为方面，7 岁组儿童根据行为后果作出判断的人数比例要多得多，这种判断在其他各年龄儿童身上也有不同程度的反映。

[资料来源：李伯黍，岑国桢，叶慧珍，等.小学儿童集体观念发展研究[J].心理科学，1985(1)：13-17.]

(4) 学生的自我教育。

可否引导学生用写日记或学习日志的方式来进行自我教育？还有哪些方式可以用于开展学生的自我教育？

_____
_____
_____

资料推荐 自修日记是一种优良的自我教育方式。它强调对自我的认识、评价、强化、肯定或否定，意在提升与完善自我素质。可理解为学生自己的心灵独白。它可以起到影响个体内在之素质结构的目的。

[文献来源：张文远.自修日记：学生自我教育的新方法[J].思想·理论·教育，2004(11)：74-76.]

请你按照以下框架,以自己的亲身经历来填写一则"自修日记"。

事情发生	情绪引发	情绪之后的可能结果	心灵独白	发生的良好效果

(5) 书籍的威力。

给学生提供详实的书单,并要求读书必过笔。在做一番调研的基础上,开出一份富有特色的小学生必读书单:

_____

_____

_____

读一读国内学者关于阅读的一些精彩言论,选取助益阅读教学的学术意见。把你赞同的观点勾画出来,与小组的同学交流彼此的看法。

韩经太:"知书达理"所蕴含的现代理性与"知书识礼"所包孕的传统精神,如何有机且有效地融为一体,尤其需要我们这些被称为"读书人"的学者积极主动地去探寻思考。

崔希亮:有一些我教过的留学生,读的中文书比我们的孩子还多。现在我们的孩子不读书,或者说不读原典,这是个大问题。中文系的学生,经典名著没读过的大有人在,外文系的学生,经典名著没读过的也大有人在。我们现在的读书,除了"碎片化"以外,还有一个问题就是功利化,都是为了"黄金屋"、为了"颜如玉"来读书,这与我们为考试而读书有一定的关系。这种读书没有乐趣。小孩开始读书的时候,本来是一件非常快乐的事情,但是一旦你告诉他读书是为了考试拿个好成绩,他就马上觉得这是另外一码事,所以,他觉得读书是在给父母读,这当然是有问题的。

耿云志:我想读书的目的无非是两个:一个是学习做人,一个是学习做事。做人,就是要有人格。中国古代一些重要经典,其最大的好处就是可以帮助我们塑造人格。有人提倡向古代经典学习治国的方法,我颇不以为然。我认为古代经典,特别是儒家经典,主要是塑造君子人格。《论语》里边,《孟子》里边,还有《大学》《中庸》我认为都可以从塑造人格这个角度去读,必有益处。

陈来:孔子是一个重视读书、重视学习的典范,发愤忘食,乐以忘忧,他的形象就是一个老学究的形象,不断地在学习。所以他最重视的一个德行,我们看他评价最高的一个德行其实就是好学。别人说你的弟子里边谁最好学?他说只有一个人,就是颜回,颜回死了就再也没有听说有好学的了。他说忠信的人很多,十里的地方里都能找到忠信的人,但是你要找到像我一样好学的人,是找不到的。

韩震:真正的阅读不是简单地接受书本的知识和思想,而是激发读者本身的意义生成和思考。必须具有独立思考能力,才能将阅读变成跨越时空的神奇力量。阅读作为跨越时空的力量,不仅推动文明累积式发展,而且大大改变了人类的交往方式。作为跨越时空的力量,阅读还加深了人们交往的深度:区别于日常交流,读书是在领略别人深入思考而高度凝结的智慧,如同与名人大家进行深度的交流,从而把我们的意识带入思想的深度。正是从这个意义上讲,我们不仅要将知识化为自身内在的力量,而且还要进行深度的思考性理解。读书不是将自己的头脑化为别人的跑马场,而是激发自身的思辨能力,做到真正的品读,将知识化为自身内在的力量。阅读,是用自己的头脑思考问题,因而往往带着一定的价值取向或"前理解结构"去读书,但我们应该注意在这个阅读的过程中突破原来的自我理解结构,获得更大的知识视野,形成一个更加崇高的价值取向,熔铸一个更高远的思想境界。读书人要学会用超出自己利益的眼界看问题。

[资料来源:"经典重读与书香社会的构建"座谈会纪要[J].中国文化研究,2015(2):1-21.]

(6)小伙伴的影响。

思考同辈群体、朋伴关系、重要他人等助益学生的因素。请思考后写出你最好的儿童伙伴或重要他人,他/她对你的重要影响体现在哪?

_____

_____

_____

参考资料 同辈群体对于儿童社会化的意义在于为儿童提供一个平等交往的环境,使儿童从中学习和掌握社会交往的基本技能。与正式的班级体系强调制度化的"支配—服从"的规范不同,同辈群体作为非正式群体,成员之间彼此在身份上更具有平等感,尽管成员中难免会出现核心人物,但正如我们在调查中所分析的那样,这并非普遍性和必然性的。同时,同辈群体中即便出现了"核心人物",他在性质上也不同于班级正式组织中的领导者角色,从而更多地带有"草根"性质。核心人物的产生从根本上取决于核心人物自身的优势(譬如成绩、决策能力、人格等)以及成员对于核心人物的情感态度(如:心悦诚服地追随等),换言之,乃是在日常生活中互动的结果。从根本上来说,这种"草根性权威"的存在无碍于群体成员之间的平等。与在正式的角色体系中处于受支配地位相比,在同辈群体中,学生更多地处于平等和自决状态,这对于儿童成长为自律的个体具有重要作用。

[资料来源:鲁照斌,赵红.小学中高年级同辈群体调查报告[J].江苏教育研究,2007(10):37-40.]

活动3 神圣之旅:去帕夫雷什中学要带什么

活动目标 了解帕夫雷什中学的主要办学实绩。

🎓 活动交代

1. 分组准备出行的"功课",如申请、行程、考查内容、人选、分工、联系、总管、安全、经费、汇报等,以及其他未列项目;
2. 各组根据组员表现和参与程度,推选一名同学作为班上参加"神圣之旅"的代表团成员,注意遴选有扎实准备和研习心得的组员;
3. 集体准备与帕夫雷什中学师生的交流发言稿。

🎓 活动过程

1. 各组组长召集组员开会,确定各项内容的承担者,查找、利用各种资源,从老师处寻求一定的学术支持,圆满完成各自承担的工作任务。

_____
_____
_____

2. 根据准备工作实绩和参与程度,采取记名方式确定本组"神圣之旅"的选送人员,并对其掌握帕夫雷什中学的情况作简要说明。

_____
_____
_____

3. 在组内汇报你的交流发言提纲。

_____
_____
_____

4. 各组分别展示查阅的资料、图片、影像、文字等,老师对整个活动作点评,根据考量指标,给完成最好的小组予以精神和物质的奖励。

课节 2
洛　克

🎓 **目标达成**　本课节结束,你要能够:
1. 识记洛克德育思想的主要观点;
2. 掌握学习教育名家的德育思想/理论的方法。

🎓 **预计时间**　50分钟。

🎓 **活动准备**
1. 洛克的画像一幅,规格:35 cm×88 cm。
2. 用于本课节讨论的案例。

🎓 **主要活动**
活动1　观点分享:德行的培养。
活动2　研读建议:《教育漫话》。
活动3　拓展阅读:教育名家的德育思想/理论。

🖥 活动1　观点分享:德行的培养

🎓 **活动目标**　了解洛克关于绅士教育的德行品质方面的论述。

🎓 **活动交代**
1. 检查学生阅读的情况,在同学们精读的基础上开展讨论;
2. 各组选派汇报员出来交流,介绍自己小组对某一观点的特别见解;
3. 各组列举一种洛克所言之不良现象在现代中国社会的表现,力争不要描述失真;
4. 思考洛克关于"德行的培养"的观点对我们的教育启示。

活动过程

1. 组长检查各组员阅读的情况,汇报给学习委员和老师。
2. 各组讨论后选派汇报员出来交流,介绍本小组对某一观点的特别见解。

_____
_____
_____

3. 按照以下早期教育、体罚、奖励的内容顺序,讨论并回答问题。

(1) 注重早期教育:如何正确处置穿衣、需要、啼哭等问题?

为何爱变成溺爱?为何衣服被看成"虚荣和争胜的工具"?"自然的需要"和"嗜好的需要"有何不同?不屈的、跋扈的哭与抱怨的、哀诉性的哭有什么区别?

_____
_____
_____

(2) 慎用体罚、训斥:关于否定体罚、责骂和不完全取消体罚的观点。

① 如何理解教鞭不到之处,儿童会愈加放任猖狂?洛克认为哪一种儿童终生终世对于自己和别人都是没有用的?鞭笞在哪一种极端的情况之下才可以使用?

_____
_____
_____

② 你如何理解古埃及的教育谚语"男孩子的耳朵是长在背上的"?如果要补充这句格言的下半句,你的意见是什么?

_____
_____
_____

(3) 正确运用奖励:奖惩对儿童的心理是一种最有力量的刺激。

为什么物质引诱不可取?为什么宜采取"称誉"的奖励方法?

_____
_____
_____

(4) 通过实践养成习惯:较之理智"更加有恒、更加简便"。

为什么要及早通过练习来养成良好习惯?为什么父母切忌给儿童讲述大量的规则和教训?

_____
_____
_____

(5) 说理教育:对待儿童的真正办法。

为什么所说的道理要用极少的简明扼要的措词表达?为什么教育者要能从通行的见解中抽象出自己的思想?

_____

资料阅读 中国古代典籍犹如浩瀚烟海,任一问题俱有触及。年轻人想入门,实在太难。张汝舟先生写讲义做文章,乐于关注青年学子的理解与接收,总能在繁芜中见精要、纷乱中显明晰。名师谭科模先生说:"师传最是合人情,主要精神在简明。"他写出了做学生的亲身感受。

(资料来源:张闻玉.独具特色的一流学者张汝舟[M]//张闻玉文集.贵阳:贵州大学出版社,2018.)

（6）榜样教育:最简明、最容易、最有效的办法。

为什么洛克认为同伴的影响比一切教导、规训的力量都要大？"女孩子每每是在深闺幽居中长大成人的,但她们并未因此就变成少明事理、能力较为薄弱的女人了。"对此,你怎么看待？

4. 请各组列举一种洛克所言之不良现象在现代中国社会的表现,力争不要描述失真。进而提出本组的解决办法,并在全班交流。

活动2 研读建议:《教育漫话》

活动目标 初识世界教育的"瑰宝"。

活动交代
1. 购买或复印《教育漫话》,要求凡读书必过笔,在书的空白页边作标记,以备检查;
2. 讨论《教育漫话》对于家庭教育的意义,深究其思想中所蕴含的深刻价值,以及感染读者的重要原因;
3. 按照老师布置的专题,提纲挈领地梳理出点睛之处,并配之以适当说明。

活动过程
1. 购买或复印《教育漫话》;今日起四周内完成阅读,提交文本到小组长处,初检后提交给学习委员。要求:① 凡读书必过笔,在文本的空白页边作批注;② 撰写300字左右的读书报告,真正阅读,不可抄袭。
2. 讨论《教育漫话》对于家庭教育的意义,深究其思想中所蕴含的深刻价值,以及感染读者的重要原因,把对这三个内容的见解写在下面:

3. 针对以下两个问题,请提纲挈领地梳理出点睛之处,并配之以适当说明。

(1) 洛克关于礼仪教育的观点:

(2) 洛克关于"教师的修为"的观点:

4. 思考并讨论,亦可问询你认为可以与之讨论的老师,请他说说对以下问题的看法,并记录下来作为参考。

(1) 究竟哪种因素在儿童成长中发挥主导作用?是教育还是遗传?

(2) 如何辩证地看待《教育漫话》的时代局限性?

活动3 拓展阅读:教育名家的德育思想/理论

活动目标 学习教育名家之德育思想的方法。

活动交代

1. 学生先按照老师的要求准备图书或复印件,老师以小组为单位检查其准备情况;

2. 学生再按照老师确定的专题，精读原著及辅助读本，梳理出相关内容；

3. 小组讨论研习教育名家的德育思想的方法；

4. 全班形成研习方法的统一意见。

活动过程

1. 学生先按照老师的要求准备以下图书或复印件，老师以小组为单位统计其准备情况。学生应设法弄清楚所选五册书的内在逻辑。

皮亚杰的《儿童的道德判断》、科尔伯格的《道德教育的哲学》、拉思斯的《价值与教学》、诺丁斯的《学会关心——教育的另一种模式》里克纳的《为品德而教育：我们的学校怎样教育尊重和责任》。

2. 以上五册书分别是以下四种理论流派的代表作，尝试写出各派的代表人物、代表作、主要思想、基本定义、基本特征、基本原理等内容。

（1）道德认知发展理论：

_____
_____
_____
_____
_____
_____

（2）价值澄清理论：

_____
_____
_____
_____
_____
_____

（3）关怀理论：

_____
_____
_____
_____
_____
_____

（4）品德教育理论：

_____
_____
_____
_____

3. 重点思考:各学派关于之前学派的批驳性观点是什么？各组说出比较有效的研习方法,用大白纸张贴起来讨论,最后形成统一意见。

4. 老师最后启发引导,请同学们讲出本单元学习中最需要质疑或进一步讨论的观点或见解。

5. 用学到的方法,仿照本书的范式编写关于学习教育哲学家陆有铨的德育思想的学案,并能提出新的见解或观点。

🎓 课余作业

每人先购买或复印《教育漫话》,阅读时遵循"读书必过笔"的要求,之后写一篇与《教育漫话》有关的读后感,标题自拟。

要求:① 1000 字左右,打印,标题黑体小三号字,正文宋体小四号,行距 1.25 倍,附参考文献及注释;② 切忌抄袭,针对阅读中别有会心的一点,进行阐发,亦可结合教育实践来写;③ 内容可涉及绅士教育、亲子教育、儿童心理健康教育、公民教育、养成教育、礼仪教育、纪律教育、兴趣教育、幼儿教育、道德教育等,在此范围内自行命题。

🎓 拓展阅读

课后请阅读以下文献,重点阅读其中关于德育思想的观点。

[1] 苏霍姆林斯基. 给教师的一百条建议[M]. 杜殿坤,译. 北京:教育科学出版社,1984.

[2] 苏霍姆林斯基. 把整个心灵献给孩子[M]. 毕淑芝,等译. 天津:天津人民出版社,1981.

[3] 苏霍姆林斯基. 帕夫雷什中学[M]. 赵玮,王义高,蔡兴文,译. 北京:教育科学出版社,2005.

[4] 李镇西. 追随苏霍姆林斯基[M]. 上海:华东师范大学出版社,2010.

[5] 魏智渊. 苏霍姆林斯基教育学[M]. 桂林:漓江出版社,2014.

[6] 洛克. 教育漫话[M]. 傅任敢,译. 北京:教育科学出版社,1999.

[7] 朱永坤,倪婷. 苏霍姆林斯基教育名著导读[M]. 长春:吉林文史出版社,2014.

[8] 李丽丽. 洛克、斯宾塞教育名著导读[M]. 长春:吉林文史出版社,2014.

[9] 杨大伟. 凯洛夫"教育学"在中国和苏联的命运之研究[M]. 北京:中央编译出版

社,2012.

[10] 皮亚杰.儿童的道德判断[M].傅统先,陆有铨,译.济南：山东教育出版社,1984.

[11] 科尔伯格.道德教育的哲学[M].魏贤超,译.杭州：浙江教育出版社,2000.

[12] 拉思斯.价值与教学[M].谭松贤,译.杭州：浙江教育出版社,2003.

[13] 诺丁斯.学会关心：教育的另一种模式[M].于天龙,译.北京：教育科学出版社,2011.

[14] LICKONA. Education for character：how our school can teach respect and responsibility[M]. New York: Bantam Books,1991.

案例展示

电影《红樱桃》赏析。

设计意图与目标：通过观看这部电影的教育片段，进一步了解苏联学校教育中的一些具体做法，从中领会"苏联教育曾经是世界上最优越的教育之一"（顾明远），以及苏联教育经验对中国教育改革的意义。

活动准备过程：同学们自行观看影片。课堂上撷取电影的片段，集中讨论或思考如下情景：

（1）在专门收养各国共产党领袖的子女的寄宿学校，罗小蛮等一群男生在对女生做了恶作剧之后，在集会上发言认错："我们的行为扰乱校园，并引起了巨大损失。我们对不起同学，对不起老师，但最重要的一点，就是向汤亚娜娜道歉，她曾如此地关心爱护我们。"这样的现身说法有什么意义？

（2）罗小蛮在国际儿童院失散之后，成了专门送达"阵亡通知书"的"黑信使"。在德军战俘的驻扎地，他每天用弹弓"惩罚"敌人，最后将战俘引至一幢废墟中，引燃汽油桶，与敌人同归于尽。设计这个情节的目的是什么？

（3）电影开播当年，赢得不俗的票房收入。原因是它赢得了中年知识分子群的关注，这些特殊观众群对苏联及其革命历史有一种难以忘怀的怀旧情结。苏联教育对中国及中国教育的深刻影响体现在哪？

思考题

1. 苏霍姆林斯基讲："没有对个人的教育，就谈不上集体的教育力量，而对个人的教育离开自我教育是不可思议的。"试分析之。

2. 洛克讲："我们人类所有的教育都是再教育。"试评论之。

单元三　德育功能

内容摘要

本单元讨论了德育功能的两个维度：德育的社会性功能与德育的个体性功能。我们假定通过研究德育功能可有助于理解德育本质及德育的重要性的命题，来组织一系列的案例研讨，从而达到正确理会德育功能的目的，以及体认研究德育功能的重要意义。另外，本单元还利用一定的篇幅来讨论德育的必要性、德育的可行性，以此加深对于德育功能的理解。

德育有泛化的倾向，其在功能上的表征即是德育的社会性功能与个体性功能的隔离。本单元会尝试提出德育的泛化的修复思路，以期实现二者的有机整合，并提高德育实效的可能性。一方面，道德教育的社会性功能是个体性功能的汇集，借力德育形成的社会大多数个体的道德倾向和水平，标志着社会的道德倾向和水平；另一方面，个体遵循一定社会的道德规范和准则，其道德个体性功能总是反映着社会性功能。两者在结构上是相互包含的，并存在着一定的同构性，且在功能发挥的机制方面互为前提。

要点梳理

◎ 德育的社会性功能
◎ 德育的个体性功能
◎ 德育的必要性与可能性

课节 1
德育的社会性功能

🎓 **目标达成**　本课节结束,你要能够:
1. 了解研究德育功能可有助于理解德育本质及德育的重要性;
2. 识记德育的社会性功能的含义。

🎓 **预计时间**　50 分钟。

🎓 **活动准备**
1. 用于本课节讨论的案例;
2. 德国纳粹集中营的图片;
3. 电影《竞雄女侠秋瑾》影碟,《勉女权歌》的手风琴伴奏 CD。

🎓 **主要活动**
活动 1　案例分析:集中营里的幸存者。
活动 2　师生互动:科学家如何爱国?

🖥 活动 1　案例分析:集中营里的幸存者

🎓 **活动目标**　了解德育发生的问题,以及德育功能没有发挥的实际。

🎓 **活动交代**
1. 结合案例,各组讨论后形成小组意见;
2. 启发学生发表对于此案例的深刻见解;
3. 任课老师和学生判断此案例背后的德育问题。

活动过程

1. 请同学们阅读以下材料，写下自己的感受。

在美国，一所私立学校开学第一天，全体老师都收到了校长的一封信，信的内容如下：

亲爱的老师们：

  我是集中营里的幸存者。我目睹了一般人看不到的事情：毒气室由有学识的工程师建造；孩子被受过教育的医生毒死；婴儿被训练有素的护士谋杀；妇女和孩童被受过高中或者大学教育的毕业生射杀。所以，我怀疑教育。我的请求是：希望你们帮助学生做一个有人性的人。永远不要用你们的辛勤劳动，去栽培孕育出学识渊博的怪兽，身怀绝技的疯子，或者是受过教育的纳粹。阅读、写作、数学等学科，只有在用来把我们的孩子教育得更有人性时，才显得重要。

（资料来源：吉诺特.老师怎样和学生说话[M].冯杨，周呈奇，译.海口：海南出版社，2005：239.）

_____
_____

2. 任课老师在备课的基础上对上述经典故事做适当的交代。它是一位纳粹集中营的幸存者留给世界的忠告。这位老人在二战期间的德国纳粹集中营曾遭受过非人的折磨，战后辗转到美国，当上一所中学的校长。以上书信内容是新老师到校时他转给他们阅读的内容。这个案例说明了教育的什么情况？请小组讨论形成小组意见。

_____
_____

3. 请同学们判断这个案例背后实存的德育问题。并请各组列举一例"非德育"或"反德育"的情形。

_____
_____
_____
_____
_____

活动2　师生互动：科学家如何爱国

活动目标　学校德育对社会产生的作用。

活动交代

1. 通过辨析一组问题,来明晰德育功能的概念。
2. 讨论"科学家如何爱国"的案例,思考学校德育如何影响受教育者,并进而影响社会。
3. 拓展思考:"如今我们回来了,你们看便不同了!"(《荷马史诗》中的格言)
4. 教唱秋瑾创作的《勉女权歌》,从中体会秋瑾所受教育对其革命事业的重要影响。

活动过程

1. 预备性问题:为什么要研究德育功能?

我们假设研究德育功能可有助于理解德育本质及德育的重要性。德育功能在此指什么呢?先要注意辨析一组问题:

德育的目的和任务——"想要德育干些什么?"

德育的客观效果和能量——"德育实际干了什么?"

德育功能——"德育本来能够干什么?"

把这一组关系理顺,可望明白德育功能的真正含义。另外,我们如何规避那些虚妄的德育功能观点?又如何避免"泛德育"与"非德育"的情形?

_____

_____

2. 案例阅读:科学家如何爱国

法国被普鲁士打败之后,割了两省地,赔了五十万万佛郎的赔款。这时候有一位刻苦的科学家巴斯德(Pasteur)终日埋头在他的试验室里做他的化学试验和微菌学研究。他是一个最爱国的人,然而他深信只有科学可以救国。他用一生的精力证明了三个科学问题:(1)每一种发酵作用都是由于一种微菌的发展;(2)每一种传染病都是由于一种微菌在生物体中的发展;(3)传染病的微菌,在特殊的培养之下,可以减轻毒力,使它从病菌变成防病的药苗。三个问题,在表面上似乎都和救国大事业没有多大的关系。然而从第一个问题的证明,巴斯德定出做醋酿酒的新法,使全国的酒醋业每年减除极大的损失。从第二个问题的证明,巴斯德教全国的蚕丝业怎样选种防病,教全国的畜牧农家怎样防止牛羊瘟疫,又教全世界的医学界怎样注重消毒以减除外科手术的死亡率。从第三个问题的证明,巴斯德发明了牲畜的脾热瘟的疗治药苗,每年替法国农家灭除了二千万佛郎的大损失;又发明了疯狗咬毒的治疗法,救济了无数的生命。所以英国的科学家赫胥黎(Huxley)在皇家学会里称颂巴斯德的功绩道:"法国给了德国五十万万佛郎的赔款,巴斯德先生一个人研究科学的成绩足够还清这一笔赔款了。"巴斯德对于科学有极大的信心,所以他在国家蒙奇辱大难的时候,终不肯抛弃他的显微镜与试验室。他绝不想他的显微镜底下能偿还五十万万佛郎的赔款,然而在他看不见想不到的时候,他已收获了科学救国的奇迹了。

(资料来源:季蒙,谢泳.胡适论教育[M].合肥:安徽教育出版社,2006:55-56.)

思考:这个案例可否帮助我们理解德育的社会性功能?

提示:德育的社会性功能主要在于学校德育通过系统本身去影响和塑造受教育者的品德;而学校则主要通过智德双修的合格毕业生去影响社会。

3. 介绍胡适先生钟爱的一句《荷马史诗》中的格言:"如今我们回来了,你们看便不同了!"(You shall see the difference now that we are back again!)与学生探讨它表明了怎样的自信、信念和气概。提示学生用这句格言来勉励自己。并思考学校德育对受教育者的影响,以及受教育者对乡村教育的影响。

4. 教唱《勉女权歌》。介绍歌曲的创作背景:鉴湖女侠秋瑾自幼爱读书、工诗文,29岁时赴东京留学,回国后先后在上海中国公学、绍兴女学堂、浔溪女校任教,她用歌诗的方式来号召妇女同志们"奋然自拔"。从歌词中可以看出她对封建礼教的蔑视,鼓励妇女起来同封建家庭制度决裂,摆脱封建的精神压迫,投身到社会革命的滚滚洪流之中。她希望妇女同志们要为"恢复江山劳素手",在彼时起到了不小的宣传鼓动作用。《勉女权歌》曾刊印在《中国女报》1907年2月号上。学会歌曲以后,尝试写出你对于德育的社会性功能的理解。

勉女权歌

秋瑾词　学堂歌调

1=C 4/4

```
6 6 6 5 | 3 - 5 5 | 3 3 5 5 | 6 - - 0 |
吾 辈 爱 自     由, 勉 励   自 由 一 杯 酒,
旧 习 最 堪     羞, 女 子   竞 同 牛 马 偶,

1 1 2 2 | 6 5 5 - | 3 3 5 3 | 2 - - 0 |
男 女 平 权     天 赋 就, 岂 敢 居 牛  后,
曙 光 新 放     文 明 候, 独 去 占 头  筹,
```

```
1 -  2 2 | 3 3 5 5 | 6 6 5 3 | 6 - - 0 |
愿   奋然   自拔，一洗  从前 羞耻 垢，
愿   奴隶   根除，智识  学问 历练 就，

2̇ 2̇ 7 7 | 6 - 5 3 | 2 2 2 1 | 2 - - 0 |
若安作同  俦， 恢复  江山 劳素 手。
责任上肩  头， 国民  女杰 期无 负。
```

课节 2
德育的个体性功能

🎓 **目标达成** 本课节结束,你要能够:
1. 识记德育的个体性功能的含义;
2. 掌握德育的必要性和德育的可行性的观点。

🎓 **预计时间** 50 分钟。

🎓 **活动准备**
1. 关于文天祥从容赴死的故事;
2. 关于德育的必要性和德育的可行性的案例、关于论辩美德可教的材料。

🎓 **主要活动**
活动 1　故事分享:从容赴死的文天祥。
活动 2　观点论辩:美德可教吗?

活动 1　故事分享:从容赴死的文天祥

🎓 **活动目标** 学校德育对受教育者产生的影响/道德教化对个体产生的影响。

🎓 **主要活动**
1. 思考一组预备性命题;
2. 阅读故事,思考道德教化对一个人的重要影响。

🎓 **活动过程**
1. 老子曰"祸莫大于无敌"(没有约束是最大的祸患)。你怎么看待以下这两个预备性命题?伦理规范乃是人自己为自己立法;规范看起来是约束个体的异己的东西。

2. 阅读以下秋霞圃书院的讲学内容,画出你感觉精彩的句子并思考"道德教化对一个人的重要影响体现在何处"。

南宋末年文天祥率部抗元,兵败被俘。被俘之后,他写了一首诗《过零丁洋》,这里面有两句千古名言,大家非常熟悉:人生自古谁无死?留取丹心照汗青。这是中华民族精神的一种写照。从文天祥这两句诗里,我们看得出来,他已经下定了必死的决心。文天祥被俘之后不久南宋就灭亡了。文天祥则被押解到了大都,也就是今天的北京。元世祖对文天祥以礼相待,决心劝降文天祥。

元世祖首先派降元的南宋原左丞相留梦炎对文天祥现身说法,进行劝降。文天祥一见留梦炎便怒不可遏,留梦炎只好悻悻而去。元世祖又让已经降元的宋恭帝赵显来劝降。文天祥北跪于地,对赵显痛哭流涕地说:"圣驾请回!你不要再劝我了,我不会投降的。"这个时候文天祥所坚持的不光是君臣大义,不光是一种对君的爱,他真正坚持的是一种对国家的爱。赵显无话可说,怏怏而去。

元世祖大怒,下令将文天祥双手捆绑,戴上木枷,关进兵马司的牢房。关了十几天以后,狱卒才给他松了绑在双手上的绳索,又过了半月,才把他的木枷打开。

文天祥在监狱里整整度过了三年。在狱中,他曾经收到女儿柳娘的来信,得知妻子和两个女儿都在元朝的宫中做奴隶,过着囚徒一般的生活。文天祥一看信就明白,这肯定是元朝朝廷的暗示:你只要投降,一家人就可以团聚,妻子、女儿就可以摆脱这种囚徒生活。文天祥尽管心如刀割,但是不愿意因为妻子和女儿丧失民族气节。他后来在写给妹妹的信中说:

收柳女信,痛割肠胃。人谁无妻儿骨肉之情?但今日事到这里,于义当死,乃是命也。奈何?奈何!……可令柳女、环女做好人,爹爹管不得。泪下哽咽哽咽。

我收到了女儿的信,痛割肝肠。谁无妻儿骨肉之情啊?但今日事到这里,请注意文天祥在这里用的四个字——"于义当死",也就是说此时此刻,只有死才能够实现义。投降换取苟且偷生,那是不义的。既然于义当死,我就从容赴死。

文天祥在狱中写下了一首非常有名的诗歌,叫《正气歌》。《正气歌》的前面有一个序,序里面讲到了文天祥此时此刻的精神力量来源,正是来源于孟子。

我被囚禁在一个小土牢里,宽八尺,深四寻,一个小窗子又低又小,所以光线非常昏暗。在这一间小牢房里面,有七种气。第一,水汽,牢房很潮湿。第二,土气,土地散发出一种臭味。第三,日气,太阳照射下非常热。第四,火气,房檐下有人做饭的烟火气。第五,米气,牢房边仓库里腐烂的粮食的臭气。第六,人气,囚牢里囚犯们不洗澡的臭味。第七,秽气,腐烂的尸体、腐臭的老鼠等散发的臭味。文天祥说,一般人面对这么多伤身之气,很少不长疮不生病的,但我这样一个身体瘦弱的人,在这里已经待了两年了,竟然身体健康,没有生病,是什么东西让我的身体如此强壮?又是什么东西帮我抵挡了这七种臭气的侵袭呢?文天祥说:

孟子曰:"吾善养吾浩然之气。"彼气有七,吾气有一,以一敌七,吾何患焉!

我内心里面有浩然之气,我有这一种气,就可以抵挡七种气,"吾何患焉!"我又有什么可担心的呢?更何况浩然者,天地之正气也,所以我写一首《正气歌》。这种正气,形成了自然界的万象,在大地上就是黄河,就是泰山,在天上就是日月星辰,在人身上就是浩然正气,而当这种浩然的正气充塞于天地之间的时候,一个人的生死又有什么了不起的?

至元十九年(1282)八月,元世祖问他手下的议事大臣:南方、北方宰相,谁是贤能的?大臣们回答:"北方宰相里面最厉害的就是耶律楚材,南方人如果选一个宰相之才的话,那没有人超得过文天祥了。"

于是元世祖再一次劝降文天祥,打算让他当宰相。面对亲自劝降的元世祖,文天祥回答:我是大宋的宰相,国家灭亡了,我只求速死,不当久生。什么叫不当久生?按照义的标准来说,作为大宋的宰相,大宋灭了,我不应该再长久地活下去,所以我只求速死。元世祖这一次终于绝望了,下令立即处死文天祥。但是元世祖并没有想通,一个人为什么功名富贵都不要,甚至不惜牺牲自己的生命,要一意孤行地、无所畏惧地走上刑场。如果他读完《孟子》,知道我们中华民族代代相传的这样一种民族精神,他可能就明白了。

文天祥大义凛然地走上了刑场。临刑前,万人观睹,文天祥殊为从容,对吏卒说:"吾事已毕,心无怍矣。"这个"心无怍"实际上也是来自《孟子》,因为孟子讲过"仰不愧于天,俯不怍于人",大丈夫生在天地之间,就应该做到仰无愧于天,俯无愧于人。走上刑场的文天祥终于可以自豪地说出这句话了。他又问监斩官:南是哪个方向?立刻有百姓指给了他,于是,他南向拜而死。后来在他所穿的衣服中,人们发现了他写在衣带上的几句话:

孔曰成仁,孟曰取义。唯其义尽,所以仁至。读圣贤书,所学何事?而今以后,庶几无愧。

孔子说杀身成仁,孟子说舍生取义,一个人要成为仁德之人,正当的路途是什么呢?义尽。就是说你在你的一生里,把该做的都做了,不该做的坚决不做,最终自然就成为仁德之人了。我们这些读圣贤书的人,读孔、孟书的人,所学的又是什么呢?当然,这是一种反问,结论其实早已不言而喻,我们所学的就是成仁成义啊,从今以后我文天祥可以无愧于天地,无愧于人民了。

(资料来源:鲍鹏山.鲍鹏山说孟子[M].杭州:浙江古籍出版社,2012:101-107)

为什么"义"如此重要?对比进士出身的秦桧,状元出身的文天祥给了我们怎样的启示?

_____
_____
_____

3. 如何培养儿童对祖国的热爱?(从德育功能的角度分析)

_____
_____
_____

爱母亲的思想属于_____;而爱社会主义祖国的思想既属于_____,又属于

_____。我们在对儿童进行教育时,可以从对母亲的热爱中渐渐启发他去热爱祖国(儿童的母亲热爱祖国)。从"做人"的道德教育开始,可以激励和引导个体道德品质的发展,在"做人"的教育中渐渐渗透阶级、国家和革命的理论,个体才能更容易地理解、接纳一定阶级的政治思想。这说明,政治思想问题的解决须仰仗_____的成功助力。由于德育泛政治化(政治功能掩盖其他一切功能),用政治教育取代一切道德教育,道德教育的社会性功能与个体性功能因此断裂,终归导致道德教育的乏力。

4. 如何理解马克思所述之"种族的利益总是要靠牺牲个体的利益来为自己开辟道路的"?如何理解罗国杰先生提出的集体主义?

_____

_____

提示:德育泛政治化的表现,一是在处理个体与社会的关系问题时,过分夸大德育的社会性功能,尤其是政治功能。阶级社会的思想家夸大社会对个体的作用,一味地强调群体本位思想,使个体在处理自身与社会的关系时把社会摆在优先位置,导致对个体发展的全然忽视(但我国需坚持集体主义,讲明充分理由)。二是在对待个人价值问题时,过分强调精神价值的优先地位,导致个体因基本物质需求匮乏而致的品德修炼落空(当下构筑精神高地的重要性)。

小 结

耦合与区分

德育的社会性功能与个体性功能既有耦合的一面,也有区分的一面。① 一是功能发挥的领域不同,德育的社会性功能作用于一定的社会,其落脚点指向一定的社会道德行为的形成;德育的个体性功能作用于个体内心态度领域,其落脚点指向个体道德意识的形成与发展。② 二是两种功能的发挥具有不同步性。当人类与个人尚未实现高度统一时,社会的需要经常要成为德育所要满足的第一需要,即首先要实现其社会性功能,但它又与个体性功能对立或矛盾(两种功能需要高度统一)。

改革思路

① 把德育从单纯的政治灌输或道德知识讲授变为对人的德性的培养(不排斥政治教育);② 注意政治教育在社会主义初级阶段的重要性;③ 在处理德育的社会性功能和个体性功能的不同步性矛盾时,仍需考虑充分发挥德育的社会性功能;④ 避免"无条件顺从"和思想上的"奴化",反对未见审辨性思维的"听话";⑤ 宜采纳"对话"形式,友好地辩驳,打破生硬的灌输,树立"交互主体观"(双主体),提高个体对道德的批判能力、选择能力。

[资料来源:龚昊. 试述德育的社会性功能与个体性功能的有机整合[J]. 学校党建与思想教育,2003(6):34-36.]

活动 2　观点论辩：美德可教吗

活动目标　理解"德育的必要性和德育的可行性"的同构性支撑。

活动交代
1. 回顾历史上关于"美德是否可教"的各种观点。
2. 案例呈现：陆有铨、扈中平、冯文全的观点；思考德育的必要性与德育的可行性。
3. 思考并小组讨论德育功能的限度。

活动过程
1. 仔细阅读附录中历史上关于"美德是否可教"的各种观点，用表格的形式梳理出来。

美德是否可教		
靶子	美德即知识	备注
观点一		
观点二		
观点三		
观点四		
观点五		
观点六		

2. 在充分阅读的基础上提炼出陆有铨、扈中平、冯文全等三位学者的重要观点，各组讨论后选派代表出来交流，陈述自己所在小组对哪位学者的哪个观点表示认同。

3. 摘抄上述三位学者关于道德教育的重要观点,重点关注他们关于德育功能及其缺陷的论述,说出其科学性、合理性和学术性。

4. 德育的必要性和德育的可行性：
(1) 德育的必要性：

(2) 德育的可行性：

课余作业

阅读《李戡戡乱记》全书内容,了解:李戡痛揭深批台湾教科书、联考与学校这三个方向的诸多痼疾,申讨教科书中的历史、国文、公民与社会三科的荒谬内容,揭露近年来种种"去中国化"的丑行劣迹,直陈台湾教育制度"肆其荼毒,祸害学子"的历史现状。

思考并回答:为什么李戡在该书的前面即开宗明义地引用马克·吐温的话"我从不因上学而妨碍我受教育"(I have never let my schooling interfere with my education)?

拓展阅读

课后请阅读以下文献,重点阅读其中论及德育功能的观点。

[1] 檀传宝. 德育原理[M]. 北京:北京师范大学出版社,2007.

[2] 永田圭介. 竞雄女侠传:秋瑾[M]. 闻立鼎,译. 北京:群言出版社,2007.

[3] 吉诺特. 老师怎样和学生说话[M]. 冯杨,译. 海口:海南出版社,2005.

[4] 季蒙,谢泳. 胡适论教育[M]. 合肥:安徽教育出版社,2006.

[5] 鲍鹏山.鲍鹏山说孟子[M].杭州:浙江古籍出版社,2012.
[6] 冯文全.道德教育原理[M].北京:北京师范大学出版社,2013.
[7] 陆有铨.皮亚杰理论与道德教育[M].北京:北京大学出版社,2012.
[8] 扈中平.对我国道德教育虚伪性批判[M]//丁钢.聆听新知:2008全国教育学研究生暑期学校经典研究.上海:华东师范大学出版社,2010.
[9] 赵宪宇.教育的痛和痒[M].北京:北京大学出版社,2005.
[10] 肖川.好教育好人生:肖川教育美文精选[M].南京:江苏教育出版社,2009.
[11] 钟启泉.教育的挑战[M].上海:华东师范大学出版社,2008.
[12] 钟启泉.对话教育:国际视野与本土行动[M].上海:华东师范大学出版社,2006.
[13] 杨坤道.教师最应该规避的教育误区[M].南京:江苏教育出版社,2012.
[14] 张文质.书如何拯救生活[M].北京:北京师范大学出版社,2012.
[15] 熊丙奇.谁来改变教育[M].上海:中西书局,2014.
[16] 李戡.李戡戡乱记[M].北京:生活·读书·新知三联书店,2010.

案例展示

电影《竞雄女侠·秋瑾》赏析。

设计意图与目标:通过观看这部电影,提示学生对"诗与剑之才女——秋瑾"的印象不要仅仅停留在"秋风秋雨愁煞人"的傲气与豪气上,亦应关注她担任绍兴大通学堂督办的实教从学,提倡男女平等的远见卓识,并进而思考她深受现代教育洗礼的事实。

活动准备过程:要求学生以小组或寝室为单位自行观看。课堂上撷取电影的片段,集中讨论或思考如下情景:

(1) 童年秋瑾从缠足大婶的手中挣脱出来,夺路而逃至其父亲的身后。

秋瑾:为什么哥哥有书读,不用缠足,我没书读,又要缠足?

妈妈:因为你是个女的。

秋瑾:那为什么你不生我是男的?(片刻后)为什么男的可以做的女的就不可以做?

(2) 秋瑾全然抛弃嫁夫从夫的古训,怒斥丈夫王廷钧整日游手好闲的生活方式。

王廷钧:鸦片战争又不是我输的?圆明园又不是我烧的?

秋瑾:就是因为你什么都没做。国家就要亡了,你还可以睡到日上三竿,还可以跟你那些狐朋狗友斗雀吗?

(3) 秋瑾观摩徐锡麟磨镜片。

秋瑾:这个镜子,做成望远镜,可以看多远?

徐锡麟:二十八星宿,都可以看得很清楚。

秋瑾:真是不可思议!

徐锡麟:有很多人都不知道,当你望到那颗星的时候,那颗星可能已经不在天上了。我们见到的星星是星体从前反射出来的光,星光由那个很远很远的星球,走过很长很长的路,才来到我们眼前,经过很多很多的光年。

秋瑾：那光一年能走多远？
徐锡麟：对人来说，是千生万世都走不完的。
秋瑾：这么远啊，那岂不是……永远，永远。
徐锡麟：我有时候想，我们今天所做的事，可能要后世人才能看得见。
（根据2011年邱礼涛导演的历史人物传记片《竞雄女侠·秋瑾》记录台词）

单元四 德育目的

内容摘要

本单元讨论了德育目的与德育目标。首先开展教唆与教育的辨析,通过范文来理解"上过学并非意味着有教养",借助钟启泉与佐藤学的对话来理会两种范式的"教";讨论"君子不器"的含义,领会黑格尔对教育目的的理解,以及朱小蔓对教育培养"整全的人"的论述;在理解了作为德育目的的下位概念——德育目标之后,尝试制定出适合小学德育的具体目标。

要点梳理

◎ 德育目的
◎ 德育目标
◎ 小学德育的培养目标

课节 1
德育目的

目标达成 本课节结束,你要能够:
1. 了解德育目的的含义;
2. 分辨"教""教唆""教育"等一组概念;
3. 深刻理解"上过学并非意味着有教养"。

预计时间 50分钟。

活动准备
1. 柏拉图的《美诺篇》、胡适所述"贼的儿子学艺";
2. 用于本课节讨论的英文习作"The True Meaning of Education"。

主要活动
活动1 案例分析:贼的儿子学艺。
活动2 范文研讨:"The True Meaning of Education"。
活动3 反思:如何理解德育目的?

活动1 案例分析:贼的儿子学艺

活动目标 通过案例引发的反思,来理解"教育"与"教唆"的区别,从而达到对德育目的之初步理解。

活动交代
1. 利用案例脚本,请一组同学来排练、演出;
2. 在不评价演出得失的情况下,就表演内容展开讨论;

3. 小组讨论此案例背后可能存在的潜在概念。

活动过程

1. 学生阅读以下材料,推断横线部分的内容,并推举一组来排练,在老师的指导下演出这折简短的"课本剧"。

有一个做贼的人,他是专门靠偷东西混饭吃的。有一天,他的小儿子对他说:"爸爸,你年纪大了,你不能去'作(做)工'了。我得养活你。现在请你教我一门行业,教我一种本事。"他爸爸说:"好!今天晚上跟我走!"到了晚上,老贼牵着小贼走到一个很高大的房子前,在墙上挖了一个大洞,两个人先后钻进去。等到两个人都到了屋子里,一看,见有一个大柜子;老贼就用百宝钥匙把柜子打开了,要他的儿子爬进去。等他儿子进去以后,这个老贼就把柜子锁了,向外走去,口里一面喊:"捉贼呀!你们家里有贼呀!"他自己就跑回家去了。这一家人被他叫醒,起来一看,东西都没有丢,就是墙上有一个洞,正在感觉到怀疑的时候,柜子里的小贼还在低声说:"爸爸,怎么把我锁在柜子里呢?"后来一想这不是问题;现在的问题是:"怎样出去?"同时,他听到前面有人说话,他就_____声音。于是前面太太听见了,就喊丫头赶快拿灯来看看柜子里的东西_____。柜子的门刚一打开,小贼就冲出来,把丫头和蜡烛都推到了,从墙洞里逃了出去。这家的人就跟在后面追。这个小贼一跑跑到了水池旁边,连忙_____;追的人听到扑通一声,以为他跳水了。而他却_____跑回家去。这时候,老贼正在家里一边喝酒,一边等他的儿子。这个小贼就问他的爸爸说:"你怎么把我锁在柜子里呢?"老贼说:"你别说这些蠢话——你告诉我怎样出来的。"他的儿子就告诉他怎样学老鼠咬衣服,怎样丢石头。老贼听了以后,就对他的儿子说:"_____"

[资料来源:胡适.为什么读书:胡适演讲集(三)[M].北京:北京大学出版社,2013:176.]

阅读或观看这个"课本剧"以后,如果我们不仅仅将此看作教育的实验主义的话,你还能看出什么事关教育或德育的弦外之音?

_____
_____
_____

2. 以小组为单位,辨析一下"教"和"教唆"的区别。请想一想,部分家长的"教子方略"里面,有多少教唆的成分在里面?试举例说明。

_____
_____
_____

3. 请阅读《"教"的两种含义与〈美诺篇〉的启示》一文,尝试去理解华东师范大学钟启泉教授对日本东京大学佐藤学教授的访谈的过程中蕴藏的教育观点。请同学们进一步阅读柏拉图的《美诺篇》,获得更多关于"美德"的讨论。

"教"的两种含义与《美诺篇》的启示

钟启泉："教学"是我们司空见惯的活动。在一般人的心目中,教学中的"教"这一行为意味着"传递"知识与技能。例如,教汉字的笔顺、词汇的含义、函数的定义等等,就是在"传递"的意义上使用的。

佐藤学:不过,"教"这一术语并不仅仅意味着"传递"。它还包括改变学习者的态度与生活方式。所以,美国教育学者杰克逊(P. W. Jackson)把"传递"意义上的"教"谓之"模仿范式"(mimetic mode);把促进学习者变化意义上的"教"谓之"变革范式"(transformative mode)。

钟启泉:作为"模仿范式"的"教"这一行为的起源,在教学发展史上可以追溯到古希腊的诡辩学派吧。

佐藤学:诡辩学派问世的时代,是要求王公贵族拥有辩术,以便在围绕土地权的诉讼中取胜,并借助辩术获得支配权、统治权的政治术的时代。适应这一时代需求,诡辩家们成为王公贵族的教师,给他们教授辩术和政治术。17世纪捷克教育家夸美纽斯(J. A. Komenský)倡导的"班级教学",彻底地实践了这种"模仿范式"。他在《大教学论》中标榜"把一切事物教给一切人类的普遍艺术",这种艺术是借助印刷术推论出来的。正如印刷机可以把知识一起复制、大量印刷那样,教育的技术也可以把教师的声音作为"墨水"将教科书的知识一起复制、传递给处于"白纸"状态的儿童。夸美纽斯组合了"教授学"和"印刷术"的元素,把这种教学技术称作"教刷术"。可以说,它生动地刻画了"模仿范式"这一"传递"的面貌。

钟启泉:我们知道,"模仿范式"这一"教=传递"的概念在19世纪以后的各国国民教育制度的确立中得到了推广;而在20世纪的产业主义背景下发展起来的追求生产性与效率的学校教育中得以彻底实施。有效传递大量知识的教学范式普及了。大批量生产的流水作业般的学校教育,贯穿了这种"模仿范式"的"教"的概念。

佐藤学:但"教"这一行为,如前所述,并不仅仅局限于"模仿范式——知识的传递",也存在旨在变革学习者的态度与生活方式的"变革范式"的"教"。它的原点就是著名的苏格拉底(Socrates)的"产婆术"。苏格拉底借助"产婆术"的提出,对于注重"知识传递"的诡辩学派展开了彻底的批判。他认为,"知识"不是传递的。他把教育的目的界定为使学习者发现自己所拥有的"知识"是如何受到教条的束缚,从而觉悟到"无知之知"。这样来求得学习者的态度与生活方式的变革。苏格拉底表达的"教"这一概念,在《美诺篇》中有所阐述。《美诺篇》描述道,"知识"是可以教的。但"教知识"这一行为惟有借助学习者的回忆才能成立;而"教德"这一行为是不可能的行为。在这里,人对于客体"不知道"和对其不可能"知道",便是"知识"的意味。这是奇妙的逻辑。通常人们往往把"无知"视为"有知",苏格拉底说,倘若"不知道"某种事物,那么,就不能有关于某种事物的提问和关注,不能把"无知"当作"有知"。人是"知道"已经"知道"了的东西,这种"知识"的行为是借助"回忆","知道"的事物才得以实现。换言之,"教"这一行为只能在学习者的"回忆"这一行为之中成立。苏格拉底使美诺发现,倘若德是知识,那是可教的;但"教德"这一行为在现实上是不可能的。

因为,"教德"这一行为是在教师和学习者之间形成的,但适于"教德"这一行为的有德的人物在现实上是不存在的。苏格拉底借助"教"这一行为的可能性与不可能性的洞察,表明了教师的"教"这一行为,从根本上说是惟有借助学生的"学习"才能成立的行为。

(资料来源:钟启泉.对话教育:国际视野与本土行动[M].上海:华东师范大学出版社,2006:123-125.)

尝试区分一下"'传递'意义上的教"(模仿范式)和"促进学习者变化意义上的教"(变革范式)。

模仿范式:_____

_____

_____

变革范式:_____

_____

_____

活动2 范文研讨:"The True Meaning of Education"

活动目标 领会教育与学校的真正含义,在此基础上讨论德育目的。

活动交代

1. 通过师生互译,掌握这篇英文的大意,说说自己理解的主题是什么;
2. 就文中的细节深入讨论,体会"上过学并非意味着有教养"的观点;
3. 拓展思考:如何理解陆九渊的"若某则不识一个字,亦须还我堂堂地做个人"(《陆九渊集·卷36·语录上》)?

活动过程

1. "The True Meaning of Education":

I remember that as soon as I was six, dark cloud over shaded my happy carefree life—my parents wished to send me to school! Mother lulled me with sweet promises to toys; father threatened me with severe punishments. At last, I was escorted to school despite my wailing and struggling. They may think, as most parents do, that through education, their children will turn out to be saints, prominent scholars or even money-producing machines. So, to them, education suggests merely "fame" and "riches", and that's all.

The aim of education is not set upon the so-called fame and riches, as a matter of fact, but it aims at a deeper and more important target—mental culture and moral training. When we go to school for education, we are certainly aimed at a profound learning various subjects, for that is one of essential things and a foundation indispensable for building up our future careers. Very often, we neglect, not deliberately, that are to receive moral training in school so well (for we have pored over our books too much!) In fact, one's character-building and learning are of equal important.

The school is, normally, an ideal place where such training is given, get. Can it give us full education? I wonder who dares give a definite "Yes" to this question? Knowledge covers such a wide range that everything we see, everything we hear, and everything we experience in our daily life. Education can help to increase our knowledge, through little by little. For instance, we have learnt the physiology of the plum. But, what's the use of committing that to memory without having even taken a glance at the tree! In school, we have been taught the difference between good and evil, but if we confine our activities to our home without contact with the reality, how can we distinguish good folks from demons? So, our observation of the various phenomena of the society and experience from the contact of the external world also play a considerably important part in education.

Since education does not simply mean "going to school", we cannot make ourselves well-educated or superior just because we are the fortunate ones who can go somewhere to study. On the other hand, we should not look down with contempt on those illiterate people who cannot get such golden chance as ours. A doctor is different from a blacksmith, not because the former has been educated and that the latter has not. The only difference is that they have acquired two different kinds of knowledge. A blacksmith may have gone through even more difficulty and hardship in his training than a doctor! So it is only a pity, not a shame, that one cannot receive the proper kind of education, and being able to receive such education is only one's luck and benefit, and not one's pride and superiority.

Graduation from school, does not mean an end of our study, it never does, I can say. When we finish our education in secondary school, we continue our education in the university (if we are lucky enough). Even if we have gone through higher-learning in school, we still have our "practical" education in life. We can never perfect "saints", no matter how hard we have learnt and self-trained, but, we can increase our knowledge, make our lives more worth-living, and benefit our society through incessant education.

Now, I don't want to make this essay as endless as education, so I'll conclude here with that old saying—"learn whatever it may be, whenever you can, and whenever you will", and this is education.

[资料来源:冯式.英语模范作文[M].香港:香港宏业书局,1978:44.]

译文:_____

单元四　德育目的

主题：_____

2. 现在年轻人没有很多很好的长辈,我们小时候现在回想起来,里弄里大妈都比现在教授有教养,她会教你怎么做人,小孩子应该怎么样,现在没有了。

（资料来源：陈丹青：《我们有过很体面的过去》,凤凰江苏专访,2014-6-23。）

是故,为什么说"上过学并非意味着有教养"？

3. 拓展思考：如何理解陆九渊的"若某则不识一个字,亦须还我堂堂地做个人"（《陆九渊集·卷36·语录上》)？

活动3　反思：如何理解德育目的

活动目标　体会"受过教育的人",理解知、情、信、意、行五个德性,从案例去体会德育目的的终极诉求。

活动交代

1. 反思：什么样的人方能称为在道德上受过教育的人？
2. 讨论：德育目的与知、情、信、意、行五个方面的德性。
3. 阅读：傅佩荣的一家之言。

活动过程

1. 德育目的(定义):对教育所要培养的人的品德的规定。小组讨论:

(1) 德育目的可不可以被看作预先设定的结果和所要追求的终极目标?

(2) 什么样的人方能称为在道德上受过教育的人?易言之,一个人达到了德育目的的规定,我们是不是就可以说这个人是受过教育的人?

_____
_____
_____

2. 你如何理解德育目的可看作要形成知、情、信、意、行五个方面的德性?(德育目的的结构)

知:_____
情:_____
信:_____
意:_____
行:_____

(参阅:檀传宝.德育原理[M].北京:北京师范大学出版社,2007:131.)

3. 阅读下面的材料,按照文后要求完成作业。

一个人受过教育之后,最大的特色是:对于许多事情不是不能做,也不是不敢做,而是不屑于做。"不屑于做"就是一种风格,是人受教育以后首先应该有的自我要求。

孔子说过,交朋友的时候,首先要选择"中行",若"中行"不可得,则要选择"狂者"或是"狷者"。狷者就是"有所不为",一个人受过教育之后就应该表现出如此的风格。一个人能够有所不为,然后才能有所为。换言之,因为有所放弃,才能有所坚持。狂者则是志向比较高远的人,就算是一般人认为做不到的事情,他还是同样全力以赴。

最理想的则是中行,亦即言语适中,恰到好处。基本上,任何一种想法都可以用适当的言语表达出来。一个人如果能把握"适当"这两个字,就能确切地传达自己的想法,并且不会有后遗症。相反,若一开始没有掌握到适当的言词,那么往往就会造成误会,还可能与别人产生各种复杂、麻烦的关系,进而必须承担许多后遗症。

当然,人的表达不是只有言语的问题,还包括态度,也就是肢体语言。如果我们对于这些都能掌握,那么接下来的就是进一步的行动,也就是我们和别人相处时的应对之道。事实上,"中行"这两个字有点像"中庸之道",中庸之道指的并不是温温吞吞,而是做任何事都能秉持原则,也就是所谓的"当狂则狂,当狷则狷"。

教育培养风格,要从"狷"开始,我们交朋友也是一样的。交朋友首先要问:"什么事情是你不屑于做的?"如果对方没有任何事情不屑于做,那么就不必深交,因为这种人可以无所不为。其次,我们要看对方是不是狂者。狂者的志向很高,虽然有时候无法达到目标,但依然努力奋斗,因此会显示出一种非常高昂的斗志,亦即所谓的"天行健,君子以自强不息"。这种人会让人觉得生命是难得的机缘,应该好好珍惜,不断努力向上。

中行则代表一个人在各方面的修养都达到很高的水平,在此举王阳明的例子来说明这种境界。有一次,王阳明的一个学生告诉他:"我每次提到老师的意见,都会有人和我辩论,让我有些生气。"王阳明听了回答说:"我听到别人批评我,一点都不会生气,反而还要感谢他给我指导。"这番话说起来好像很容易,要做到却非常困难,真正的修养就是要抵达这种境界。

与别人相处的时候,如果发现别人的意见和我们不同,不但不要生气,反而应该要借这个机会自我反省。《孟子·公孙丑上》提道:"子路,人告之以有过,则喜;禹闻善言,则拜。"如果有一天,你对别人的批评不但不生气,反而很高兴,那就证明教育在你的身上已经展现成果。反之,如果听到别人的批评就不高兴,那代表还有很长的一段修行路要走。事实上,教育可以说是一生的功课。

(资料来源:傅佩荣.哲学与人生[M].上海:上海三联书店,2010:262-263.)

(1) 给这篇短文拟一个标题。

(2) 查阅《论语》,了解"狂"与"狷"的论述。

(3) 回温文中所述的"中行",体会儒家在德育目的方面的观点和诉求,说说你对此的理解。

课节 2
德育目标

🎓 **目标达成**　本课节结束,你要能够:
  1. 识记与理解德育目标,提高对德育目标的认识;
  2. 掌握小学德育的培育目标。

🎓 **预计时间**　50 分钟。

🎓 **活动准备**
  备好《小学德育纲要》《论语》。

🎓 **主要活动**
  活动 1　如何理解"君子不器"?
  活动 2　如何看待小学德育的培育目标?

💻 活动 1　如何理解"君子不器"

🎓 **活动目标**　深刻理解教育、德育的具体目标亦在于成德,在于人性的实现。

🎓 **活动交代**
  1. 讨论"君子不器"的含义;
  2. 讨论黑格尔关于教育目的的观点;
  3. 反思朱小蔓关于教育培养"整全的人"的观点;
  4. 制定具体德育目标的注意事项。

🎓 **活动过程**
  1. 查阅《论语·为政篇》中的"君子不器",理解孔子的相关观点。

看一看杨叔子的论文集,推敲他对"君子不器"的理解和阐发。

2. 阅读黑格尔关于教育目的的观点,尝试从中获得对德育目的的认识。

(黑格尔的)《精神现象学》所表达的对教育的理解和要义是,教育不是一种为了外在目的的手段,而首先是以自身为目的。教育是人性实现的内在过程,这个过程是所有个体力量的有机展开和发展。

(资料来源:朱小蔓,朱小棣.朱小蔓与朱小棣跨洋对话:出国留学与教育"立人"[M].南京:南京师范大学出版社,2014:43.)

3. "教育不是将人培养成'物''器',甚至也不是'才',而是健全的人。"(朱小蔓)你如何看待此观点?

4. 可将德育目标看作德育目的之具体化。德育目的之具体化亦即国家制定的德育目的向各级各类学校教育的品德培养目标过渡。

德育目标是德育目的的下位概念,在制定具体的德育目标时,如要保持与前述德育目的相同的理解水平,你认为应注意哪些方面?

活动2 如何看待小学德育的培育目标

活动目标 反思小学德育的培养目标;如何修订小学德育的培养目标。

活动交代
1. 反思时下小学德育的培养目标的未落实之处;
2. 从独生子女"亚种"的出现来反思培养目标的修订。

活动过程

1. 参与小组讨论:比照以下《小学德育纲要》规定的小学德育的培养目标,看看我们的小学德育工作有哪些内容没有完成。可否举出一些生动的反例来佐证你的观点?

　　培养学生初步具有爱祖国、爱人民、爱劳动、爱科学、爱社会主义的思想感情和良好品德;遵守社会公德的意识和文明行为习惯;良好的意志、品格和活泼开朗的性格;自己管理自己、帮助别人、为集体服务和辨别是非的能力,为使他们成为德、智、体全面发展的社会主义建设者和接班人,打下初步的良好的思想品德基础。

_____
_____
_____
_____
_____

2. 请先阅读学者钱文忠的论述,再思考短文之后的问题。

　　独生子女是自地球上有人类这个物种以来所出现的一个从来没有过的"亚种"。在人类历史上,从来没有那么多没有兄弟姐妹的人在那么短时间内,有计划地出现在一个国家。请别忘记了,我们所有的教育理念、教育方法、教育手段都是针对有兄弟姐妹的孩子。今天,我们的教育者在拼命反思,但是别忘了,接受教育的对象已经是人类历史上从来没有出现过的"亚种"了。我们没有办法,不知道怎么教育这些孩子。千万不要以为他们和我们是一样的,他们和我们不一样,甚至可能完全不一样。

　　(资料来源:钱文忠.钱文忠漫谈人生[M].武汉:长江文艺出版社,2013:150.)

　　(1)如果今天的孩子真和父辈不一样,那么他们究竟有哪些不一样?此文有没有夸大他们和父辈的差异?

_____
_____
_____

　　(2)如果他们和父辈的差异客观存在,那"小学德育的培养目标"应该做怎样的修订?请提出具体的修改建议。

_____
_____
_____
_____
_____

课余作业

　　阅读傅佩荣《哲学与人生》全书内容,重点阅读第十三章"教育与自我"。了解怀特海对教育的分段,教育是自我的要求,人生的四大领域——群体、自我、自然界、超越界,教育与自我生命的发展——自我认识、自我定位、自我成长、自我超越等内容。

回味经由教育而致的"高峰体验",把它讲述给同组的同学听。

_____

_____

_____

_____

_____

拓展阅读

课后请阅读以下文献,重点阅读其中论及德育目的的观点及案例。

[1] 胡适. 为什么读书:胡适演讲集(三)[M]. 北京:北京大学出版社,2013.

[2] 钟启泉. 对话教育:国际视野与本土行动[M]. 上海:华东师范大学出版社,2006.

[3] 傅佩荣. 哲学与人生[M]. 上海:上海三联书店,2010.

[4] 盖托. 上学真的有用吗[M]. 汪小英,译. 北京:生活·读书·新知三联书店,2010.

[5] 周辅成. 论人和人的解放[M]. 上海:华东师范大学出版社,1997.

[6] 杨叔子. 杨叔子教育雏论选[M]. 武汉:华中科技大学出版社,2011.

[7] 陈桂生. 教育学苦旅[M]. 上海:华东师范大学出版社,2012.

[8] 钱文忠. 钱文忠漫谈人生[M]. 武汉:长江文艺出版社,2013.

[9] 朱小蔓. 情感教育论纲[M]. 北京:人民出版社,2007.

[10] 朱小蔓,朱小棣. 朱小蔓朱小棣跨洋对话:出国留学与教育"立人"[M]. 南京:南京师范大学出版社,2014.

[11] 李萍. 现代道德教育论[M]. 广州:广东人民出版社,2001.

[12] 鲁洁. 当代德育基本理论探讨[M]. 南京:江苏教育出版社,2010.

[13] 鲁洁. 德育社会学[M]. 福州:福建教育出版社,1998.

[14] 张宽政. 人性论[M]. 北京:线装书局,2013.

[15] 邓晓芒. 人论三题[M]. 重庆:重庆大学出版社,2008.

[16] 叶永烈. 解读傅雷一家[M]. 北京:金城出版社,2010.

[17] 薛星北. 杏坛微子[M]. 汕头:汕头大学出版社,2006.

[18] 韩石山. 民国文人风骨[M]. 西安:陕西人民出版社,2009.

[19] 杨东平. 杨东平教育随笔:教育需要一场革命[M]. 上海:上海人民出版社,2007.

案例展示

电影《阿甘正传》赏析。

设计意图与目标:重点体味以阿甘妈妈为代表的正面教育者,如何对儿子开展赏识教育,最终使天生智障的阿甘创获多个领域的奇迹。透过这部电影,你能从中获得怎样的关于德育目的与德育目标的启示?

请记录下你认为精彩的台词:

_____
_____
_____
_____
_____

单元五　德育内容

内容摘要

　　本单元先对德育内容进行反思；将家训作为理解形式与内容的引子，进而探讨二者的区别与联系；从"虚式的德育内容"与"'浮华'的德育形式"的辨析中反思问题的关键；接着讨论了传统、古今中外的德育案例，以及"美德袋"与"德目"的症结。领会内容编排的内在逻辑，认识内容序列化之必要性，尝试设计具有一定序列化的教材内容。

要点梳理

◎ 德育内容反思
◎ 课程内容
◎ 德育内容的重置

课节 1
德育内容反思

目标达成　本课节结束，你要能够：
1. 正确理解德育内容与德育形式；
2. 反思现时小学德育内容的不合理性；
3. 认识古今中外永恒的德育经验；
4. 分辨"美德袋"与"德目"。

预计时间　50分钟。

活动准备
1. 有关家训、新东方"品牌教师"、孝亲的案例；
2. 哲学上关于形式与内容的论述，有关德育内容的观点；
3. 传统、古今中外的德育案例，"美德袋"和"德目"的案例。

主要活动
活动1　哲学思考：如何理解内容与形式。
活动2　永恒经验：古今中外的德育内容。

活动1　哲学思考：如何理解内容与形式

活动目标　通过对认识方法——内容与形式的基本认识，来达成对于德育内容的深刻理解。

活动交代
1. 案例：家训的内容与形式；新东方"品牌教师"的模式。通过案例体会"孤立的内容"。

2. 学习认识方法——内容与形式。
3. 通过案例来体会"虚式的德育内容"与"'浮华'的德育形式"。
4. 集体讨论德育内容的定义。
5. 小组反思：问题的关键在"德"不在"育"(扈中平)。

活动过程

1. 案例：

案例一：家训的内容与形式。

家训：父祖对子孙、家长对家人、族长对族人的直接训示、亲自教诲，亦含兄长对弟妹的劝勉，夫妻之间的嘱托，后辈贤达者对长辈、弟对兄的建议与要求。

内容	形式
(1) 治家之道（夫妻和睦、兄弟友善、父慈子孝、敬老爱幼、尊师重道）； (2) 教子之术（以德立身、孝友之义、志存高远、自强自立、勉学成才）； (3) 修身涉世（立志读书、诚信谦让、恭敬宽容、清廉勤俭、经世涉务、处世谦和、待人客气） 思考： 你认为还有哪些家训内容可以列出来呢？ 	(1) 家训著作（《颜氏家训》《袁氏家训》《双节堂庸训》《聪训斋语》《孝友堂家训》）； (2) 家规条款（《郑氏规范》《孝友堂家规》《谏承家仪》《万福堂家规》）； (3) 家书（《十六通家书》《纪晓岚家书》《曾国藩家书》）； (4) 单篇散文（《枕中篇》《庭诰》《家诫》《杨忠愍公遗笔》《复堂谕子书》）； (5) 诗歌格言（《治家格言》《诫子》《诫子孙》《责子》《忮求诗》《金氏家训》《古格言》《格言联璧》《朱子治家格言》《十六字格言》《治家良言汇编》《西畴老人常言》《省心录》《慎言集训》等）

[资料来源：李江伟. 中国家训的内容与形式[J]. 佳木斯教育学院学报，2012(10):86-87.]

思考：

(1) 设想一下，只有左边的内容，而无右边的形式，家训如何开展？会不会沦落为只有干瘪的说教或令人心烦的"碎碎念"？可否举一絮絮叨叨似的"无力的说教"例子？

_____

_____

_____

(2) 怎么理解黑格尔所言之"形式就是内容"（形式是内容得以保持和存在的物质载体）？

_____

_____

_____

案例二:新东方"品牌教师"的模式。

直到今天,新东方的很多老师还在沿用着这种模式,这就是'品牌教师'的模式。这个模式的四大要素就是:第一,教学内容必须贯穿整个课堂,这是学生之所以来到新东方的最重要的原因;第二,激情必须体现在讲课的每一句话语里,这是学生认同我们最重要的因素;第三,励志必须一两句话就能够打动人心,太啰唆肯定会让学生心烦;第四,幽默必须润物细无声地体现,否则就成了平庸的笑话和无聊的打趣。

(资料来源:俞敏洪.在痛苦的世界中尽力而为[M].北京:当代中国出版社,2012:73-74.)

上述第一条论及教学内容,思考一下他们的具体做法。

我就大力要求新东方的老师备课一定注重细节,比如对一个词的讲解、一个句型的讲解都要展开。一般教学过程中,老师只是把词典上的例句念一遍,而我要求新东方的老师必须把知识向外延伸。对于一个单词,如何进行有效扩展就是一门学问,应该把一个重要的词讲得透彻、深入人心,甚至让学生感动,才是课题的关键。比如将"transcend",也就是超越的意思,不仅讲词根和意思,还引申到"transcendental genius",超凡的天才的意思,讲中国古代的李贺,欧洲的达利、莫奈等,使学生从倾听到分享,到感动。当学生被李贺的生命感动的时候,下一个知识点的讲解就需要调侃一下,这种激发思维、展开联想之后的调侃也是老师必须精心设计的。

(资料来源:同上,70.)

思考:结合这两段口述,你怎么看待内容与形式的统一?

_____

2. 学习认识方法——内容与形式:哲学上如何定义内容?如何定义形式?如何辩证地看待两者的关系?

(1)内容:_____
_____。

(2)形式:指把内容诸要素统一起来的结构或表现内容的方式。

(3)关系:内容是事物存在的基础,而形式则是事物存在和表现的方式,两者具有确定的差异。

(4)这样的辨析实际上让我们明白:_____。

(5)说说你对下面这段话的理解。

每一个时代的理论思维,从而我们时代的理论思维,都是一种历史的产物,在不同的时代具有非常不同的形式,同时具有非常不同的内容。

(资料来源:马克思恩格斯选集:4卷[M].北京:人民出版社,1995:284.)

_____
_____
_____

3. 虚式的德育内容与"浮华"的德育形式。

德育不是轰轰烈烈的事

时下,在中小学孝德教育活动中,下跪似乎成了被追捧的"桥段"。这不,本月初重庆市云阳县普安乡小学一堂公开孝德课上,讲到感恩父母环节时,主讲人把小学生的情绪调动得不能自已。50名小学生走上主席台,一位9岁的小女孩对着话筒连喊9遍"爸爸,我错了,请你原谅我"。然后,女孩的父亲穿着军大衣,带着满身泥浆走上台,小女孩哭喊着扑通跪在了父亲跟前。据媒体报道,这名小女孩如此情动,是因为几天前父亲交代她去地里摘些白菜做饭用,结果她因看电视给忘了。父亲回家后数落她,她顶了嘴,父亲打了她一巴掌,为此父女两人好几天不说话。

[资料来源:季毓.德育不是轰轰烈烈的事[J].河北教育(德育版),2012(12):9.]

思考:(1) 屈膝下跪的方式是否妥当?这个活动场面是不是有些煽情过头?借助这样的德育方式能否真正完成预定的德育内容?文中所述"孝亲"(德目)的合理性体现在哪里?

_____

_____

_____

(2) 我们对"公开洗脚""集体下跪"时有所闻,德育活动是不是就一定要轰轰烈烈,场面要摆足,记者要请到?

_____

_____

4. 集体讨论德育内容的定义。

借助网络,查阅有关德育内容的表述,小组讨论,对德育内容下定义。

(1) 德育内容:_____

_____

_____

(2) 基础性认识:

因为内容决定形式,我们的德育内容就决定了具有中国特色社会主义的德育形式(德育手段和德育方法)。而我们要切记的是,在开展德育工作时,首要的是注意_____,而不是片面地追求_____,养成重视德育内容,善于提出德育问题、解决德育问题的脚踏实地的作风。

5. 案例研讨:问题的关键在"德"不在"育"(扈中平)。

"德育"就是要把某种道德通过教育,转化也罢,灌输也罢要给到受教育者。我们很多人就怀疑关键的问题在"育",就是在"给"、在"转化",这个工作没做好,但是从来没有怀疑过我们要"给"的这个东西有没有问题,而且这个好像不容怀疑。我们难道还会害学生吗?我们难道还会把不好的东西给学生?我经常打个比方,就是我们要把这瓶水给学生喝,我们发现学生喝得不好，不太喜欢，那么我们就认为，是我们喂他的方法不好，我们就多些方式，比如边做怪相边喂啊，搞点轻松的呀，就像给小孩喂饭一样，经常说"乖乖啊，开火车呀，火车要进山洞啦，快张开嘴，呜——轰隆隆隆，轰隆隆隆（笑声）"，逗着小孩多吃两口。但是我们从来不会怀疑这个"水"有问题，我现在恰恰就认为这个"水"，这个我们所倡导的"道德"有问题，这是导致学生不接受道德教育，不喜欢喝道德这杯水的更重要的原因。这是我的一个基本判断。

（资料来源：扈中平.我国道德教育虚伪性批判[M]//丁钢.聆听新知：2008全国教育学研究生暑期学校经典演讲.上海：华东师范大学出版社，2010：193-194.）

思考：此例是对德育内容配置之合理性的质疑。可不可以有一个先验的预设，设定我们的德育内容是科学的、合理的、合法的？我们又怎样才会具有关于德育内容的醒悟？

_____
_____
_____
_____
_____
_____

活动2 永恒经验：古今中外的德育内容

活动目标　借古今中外若干德育案例，来深刻理解其间蕴含的德育内容。

活动交代

1. 基础性认识：如何看待传统道德？
2. 古今中外的四类德育内容案例。
3. 如何理解"美德袋"和"德目"？

活动过程

1. 基础性认识：如何看待传统道德？

（1）"三纲"可以摒弃，"五常"不可以摒弃（父女对话）。

刘剑梅：现代道德，好像更带普世性，它发端于西方，到了近现代被我国的启蒙家们引进，所以也被称作新道德。"五四"新文化运动大破旧道德，树立新道德，立的是现代道德。那么，今天的德育教材是不是只能选择现代道德内容呢？

刘再复：不。既要选择现代道德，又要选择传统道德。我国传统道德，包括孔子、孟子、老子、荀子等的道德原典，是非常深厚、非常难得的道德教科书，他们所讲的做人的基本道理永远颠扑不破，永远不会过时。新文化运动批判旧道德，实际上是批判"伪道德"，即传统道德的变形和伪形。例如孔孟讲"孝"，这是尊重父母，这种道德永远是必要的，现在仍然需要。问题是"孝德"后来被伪形化了,变成《二十四孝图》这种伪形道德。鲁迅本身是个孝子,他并不反对孝道,但他批判《二十四孝图》,其中《郭巨埋儿》《曹娥投江》的故事特别让人反感。为了让父母吃得饱,就杀掉自己的儿子,这种"孝道"显得很虚伪,很不人道。对此进行批判,天经地义。但这不等于说,"孝道"是错误的。所以,我们今天的教材仍然应当给孝道适应的位置。不过,在二十一世纪讲"孝道"与在公元前讲"孝道"应有不同,今天应当加入一些现代阐释,例如不再讲"父为子纲",而要讲父亲与儿子的人格平等和相互应尽的义务,包括儿子孝顺照顾父母的义务。

刘剑梅:"父为子纲""君为臣纲""夫为妻纲",这种"三纲"是我国两千多年来最重要的伦理内容,在今天的"德育"中应当彻底摒弃,可是"忠""孝""诚"等,又好像不能轻易否定,这里边的选择和解说,有一定难度,我很想听您细谈。

刘再复:讲传统道德,不可笼统。例如,"三纲"可以摒弃,"五常"(仁、义、礼、智、信)就不可摒弃。

(资料来源:刘再复,刘剑梅.教育论语[M].福州:福建教育出版社,2012:27 - 28.)

① 应如何继承传统道德?请说出你的思考和解决方案。

_____

_____

② 针对"只批判不继承"的语境,冯友兰先生推出了"抽象继承法",即将传统中的内容与形式分开,内容不能继承,但形式可以保留。你如何看待?

_____

_____

(2) 传统始终反不掉。

传统不是历史,因为历史只能是过去;传统亦不是政治,因为政治必定是现实的,故不可能代代相传;传统更不是经济,因为经济是不断变革的力量,不可能相传事物的同一性和具有持续性。……在人类文明的发展中,特别是在中国社会的历史进程中,无论出于何种想法,无论以何种方式反传统,传统始终反不掉,所以,我们需要的是对传统予以理性的审视、批判的扬弃,在历史的变迁中不断发展、积淀传统。

[资料来源:李萍.现代道德的传统承接:可能与实现[J].中山大学学报(社会科学版),2004(4):2 - 3.]

为什么"传统始终反不掉"?传统与现代是一种什么样的关系?

_____

_____

2. 古今中外的四个德育内容案例(思考其科学性与有效性体现在哪里)。

(1) 司马光"砸缸"。

司马温公童稚时,与群儿戏于庭。庭有大瓮,一儿登之,偶堕瓮水中。群儿皆弃去,公则以石击瓮,水因穴而迸,儿得不死……至今,京、洛间多为《小儿击瓮图》。

[资料来源:释惠洪.冷斋夜话·卷三·活人手段[M]//赵冬梅.司马光和他的时代.北京:生活·读书·新知三联书店,2014:47.]

一个瞬间完成的偶然壮举,可谓家喻户晓、尽人皆知,最终成为我们民族民间记忆的一部分,故事里的司马光也成了一代又一代中国孩子的榜样。那掉进缸里的小孩儿,也顺带着成了一个安全教育的反面典型。

你认为这个故事是否真实?其德育内容要传递什么样的价值观?

_____

_____

_____

司马光童年的家教_____

光年五六岁,弄青胡桃。女兄欲为脱其皮,不得。女兄去,一婢子汤脱之。女兄复来,问脱胡桃皮者。光曰:"自脱也。"先公适见,诃之曰:"小子何得谩语?"光自是不敢谩语。

[资料来源:邵博.闻见后录:卷二十一[M]//赵冬梅.司马光和他的时代.北京:生活·读书·新知三联书店,2014:50.]

把这个短文的标题补充完整(填一个词)。这个道德故事讲到了司马光从其父亲那里得到的道德教诲,对我们实教实学有什么重要启示?

_____

_____

(2)《诫子书》(薛星北):

长子志刚,字登中,一九九五年五月一日赴基层锻炼。临行诫子八言,名曰:"一要三不。"

要"和":凡事当"和为贵"。家和万世兴,国和民方安。修身养性治国平天下,"礼""和"为先。国泰民安,安邦立业,离不开一个"和"字。古人云:"君为轻,民为贵。""民能载舟,也能覆舟。"敬上而和下,为人平和而踏实,不卑不亢,不谄媚,不压下,团结同仁,争做楷模,当好公仆,原原本本执行政策,时时事事讲究策略,依靠组织,走好群众路线,方能立于不败之地。

不贪:为官清廉,见利而不眼红,见金而不倾心。经世济民,兴国富民,金融乃国计民生之本。改革开放搞活,在市场经济大潮中,一定要谨慎。思想要新,步子要大,执行要稳。经济官员更当"一路正气一路歌,一生廉洁一身清"。多做好事不贪财,多做实事无私心。新的起点,定当自省。

不色:八尺男儿,品格为先,常思"糟糠之妻不下堂"。世间英雄儿,多有重色而毁誉者,望儿铭刻于心。贪色乃万恶之首,人间旅程,常有因男女私情而毁于一旦者,望汝自警。男儿当正正堂堂,大大方方,不恋女色,爱家恋舍,离家谋事,更当三思。

不赌:赌博乃社会陋习,当今赌风颇盛,沉渣泛起,犹如染缸。"近朱者赤,近墨者黑","物以类聚,人以群分",赌习染身,万事皆灰;人品低下,费时损身;后果难料,望儿莫沾。闲暇之余,当以高尚娱乐代之,万望自持。

单元五 德育内容

"一要三不",语重心长,此乃高堂、庭闱之心愿。貌似赘语,实乃箴言。望汝时时铭刻"和",处处警戒"贪、色、赌"。"千里之行,始于足下",步步慎行,方能登高领略风光,"千里之堤,溃于蚁穴",倘有不慎,小处不戒,酿成大错,悔将晚矣!

切切!

父母字 1995 年 5 月 1 日

(资料来源:薛星北.杏坛微子[M].汕头:汕头大学出版社,2006:271-272.)

薛星北是黔北名师,其家训忠言实在值得学习。他曾告诫三个儿女,"万里长江东逝水,留下一个清白身,切不可所到之处,骂名迭起"。你认为这篇《诫子书》传达了怎样的德育内容?其有效性体现在哪里?

_____
_____
_____

(3)救父救师救主的申佑。

务川人申佑,少年时随父务农,在一只猛虎咬住父亲的刹那间,他用扁担猛打老虎,只身救父于虎口。在朝廷最高学府国子监学习时,他为无端被绑在校门口的恩师李时勉击鼓申冤,愿替师一死,感动了皇上,当场赦免了恩师。1449 年他当上监察御史,随皇帝御驾亲征,在河北土木堡时陷入重围,他因身材相貌与皇帝相仿,被命换上龙袍乘着龙辇去骗开敌军,刀如林箭如雨可辇还在跑,车散架动弹不起时,只见申佑早就成为箭垛,血已流尽。事后,朝中大臣潸然泪下,慨叹申佑以 28 岁之短暂一生,救父救师救主,堪称中华民族千古一闻。

(资料来源:余文武.民族伦理的现代境遇及其教育研究.现代教育出版社,2008.143.)

德育叙事过程正是民间隐秘灌输的生动写照,它让受教育者跟随故事一起经历其所蕴蓄的伦理问题,借助"先觉的"叙事者的创造性"疏解",于故事的微言大义之中获得启人津逮的理解。

你认为这个道德故事要传递什么样的德育内容?它有什么德育经验上的启示?

_____
_____
_____

(4)孩子已是小学生了。

在国内,离中小学校门不远的地方,总能看到"家长止步"的警示牌,以此防止那些爱子心切的家长把学校的门口挤破。但每天上学、放学时分,"雷池"线外的道路还是被前来接送孩子的家长及数不尽的各式交通工具堵得水泄不通,这种日复一日定点定时的交通阻塞恐怕是最让附近居民和交警头痛的事情。

在日本,学校门口见不到这样的警示牌,上学放学时也见不到一个学生家长,只有学生们三五成群地背着大书包在人行道上行走。日本的家长为何不接送孩子呢?

带着疑问,记者采访了东京都目黑区田道小学的校长黑木信友。黑木校长称,从小学一年级起,日本的孩子们就迈出了"自力更生"的第一步——独自去上学。他还说道,在日本,几乎每个家庭都有自己的私车,但家长却从不会开车接送孩子,因为这样不利于培养孩子的吃苦和自立能力。更重要的是,如果家长都开车接送孩子的话,学校周围的车流量就会加大,从而导致交通拥堵。这样非但不会比学生自己步行上学快,还有可能增加发生交通事故的隐患。

中日两国在接送孩子上的最大区别是:中国家长认为"孩子才是个小学生",而日本家长则认为"孩子已经是小学生了"。

(资料来源:唐汉卫,张茂聪.中外道德教育经典案例评析[M].济南:山东人民出版社,2005:93.)

家长接送孩子是爱子心切的表现,但若对比日本家长的做法,我们就被"比了下去"。透过这个案例,你能看到日本家长的_____。你认为这个案例给予了我们怎样的启示?

_____
_____
_____
_____
_____
_____
_____

(5) 美国的品德课。

一门叫"咨询"(Advisory)的必修课,每周25分钟,配以一本叫做《每日温习:品格教育》(Daily Warm-ups: Character Education)的练习册,有十项练习,分别是合作、责任、尊重、关爱、公正和正义、公民、诚实、坚韧、勇气、友谊。每一项练习都有15~20个学生能联系自己日常行为的问题,让学生简短回答,例如,在"尊重"的练习中,有这样的问题:"在日常和正规场合下,人们都喜欢受到尊重,列举5种在日常生活中尊重别人的行为。""你觉得每个人都必须赢得尊重吗?还是每个人都应当受到某种程度的尊重?写一段说明。""1945年,杜鲁门总统在旧金山召开的联合国开幕大会上说:'我们必须建立一个新世界,一个更好的世界,一个尊重人类永久尊严的世界。'这段话是在'二战'后说的,你认为是什么意思?为什么要呼吁尊重人类'永久的尊严'?"《品格教育》中有将近200个这样的问题,是一个很丰富的道德伦理教材。

(资料来源:徐贲.怀疑的时代需要怎样的信仰[M].北京:东方出版社,2013:5.)

你如何看待美国品德课对儿童道德习惯的培养,并进而对儿童理智的培养?(可从"独立思考"的角度来考虑)

_____
_____
_____

3. 如何理解"美德袋"和"德目"?

(1) 教师不能太厉害。

教师不能太厉害,太厉害的教师的课堂就不会有不确定性,就容易成为独角戏,出现独断论,使课堂难以在未知中共同探究,形成对复杂性的理解与认识。教师要做的工作自然不是把文本的所有意义都挖掘殆尽,把自己所体验到的人生经验都一股脑儿地灌输给孩子。

(资料来源:张文质.书如何拯救生活[M].北京:北京师范大学出版社,2012:137.)

一些学校的老师热衷于"深度德育",其实有过度灌输之嫌。表面上深刻,实际上脱离儿童经验,且与儿童天性背离,使德育的实效沦为虚空。想想看,这段话是从何种意义上说"教师不能太厉害"?

_____
_____
_____

(2) 教育的界限。

过节时,我经常碰到做客时主人热情央偶得(著者注:偶得,是六六的孩子的名字)吃他不喜欢吃的食物或者他吃饱了还要硬塞他。我一般对他从未尝试过的食品,要求他咬一小口试验一下喜欢不喜欢,如果试验过不喜欢,我就替他挡住不强求吃了。吃饱了不许动。

有些人会碍于情面或不好对长辈制止等原因,在过节、旅游、共同生活期间不纠正他人对孩子的非正确行为,这是家长职责的缺失。孩子是你的,你有监管责任,任何你认为有损于孩子健康、危及孩子安全或毁孩子三观的人和事都要负责阻止。否则你要承担责任及后果。很多家长的问题是自己对教育的界限认知不清。

(资料来源:六六.半句实话[M].武汉:长江文艺出版社,2014:161-162.)

可否用"他不喜欢吃的食物或者他吃饱了还要硬塞他"的情况来影射教育的灌输情形?想一想,德育内容的不适宜会造成什么样的后果?

_____
_____
_____

(3) 三朵玫瑰花。

苏霍姆林斯基当校长时,曾发生过这样一个感人的故事:校园里开出了几朵很大的玫瑰花,每天都吸引了很多学生来看。一天早晨,苏霍姆林斯基看见一个小女孩摘下了一朵玫瑰花,他便问小女孩是什么原因。小女孩羞愧地告诉他,奶奶病得很重,她不相信校园里有这么大的玫瑰花,摘下来是想让奶奶看看自己说的没错。听了小女孩的回答,苏霍姆林斯基的心颤动了,他立即又摘下了两朵玫瑰花,对孩子说:"这一朵是奖给你的,因为你是一个懂得爱的孩子;这一朵是送给你奶奶的,感谢她养育了你这样好的孩子"。

(资料来源:唐汉卫,张茂聪.中外道德教育经典案例评析[M].济南:山东人民出版社,2005:232-233.)

故事中的小女孩没有被看作无生命的、等待填充的"道德之洞"(杜威语)或"美德袋"(科尔伯格语),你认为苏霍姆林斯基的教育的高明之处在哪?

_____
_____
_____

(4) "美德袋"和"德目"。

浪漫主义的伦理学假设是:儿童性本善,只要有好条件,就能生成良好的品行,一切都应以维护儿童的自由、幸福和权利为前提。其价值是倡导个人的自由发展,把教育看作引发个人内在发展潜能的过程。浪漫主义的道德教育策略是培养"美德袋"(the bag of virtues),即一套描述理想的健康的或充分发挥作用的人格特征。品格教育就是采用这一方法,认为可以用一套方法来激发儿童自信、自主、好奇、自制、诚实、勇敢等能力和美德。

(资料来源:郭本禹.道德认知发展与道德教育:科尔伯格的理论与实践[M].福州:福建教育出版社,1999:63.)

你认为"美德袋"教育的合理性在哪?

_____
_____
_____

"美德袋"是基于传统的以德目为内容的道德教育,美国德育心理学家科尔伯格称之为"美德袋"教育,意即教育者代表社会把那些被社会认为是重要的德目装入一个"布袋",然后从中"摸"出特定的德目教给学生。德目,即道德条目,它是一定社会对道德文化发展过程中道德经验的抽象和概括,如智、仁、勇、孝、公正、诚信、敬畏、宽恕、责任等。代与代之间,同时代的不同文化之中,在德目的选择上可能存在一些差异,但是,有些核心德目则被认为是共同的、亘古不变的。科尔伯格在讽喻这种德育的时候戏称这个"美德袋"越传越旧,终于成为有待抛弃的"破旧布袋"。

[资料来源:刘次林.抛弃"美德袋"确立"三维"德目[J].河北教育(综合版),2007(11):32-33.]

为什么科尔伯格要讽喻"美德袋"教育?你如何理解德目?德目的价值在哪?

_____
_____
_____
_____
_____
_____

课节 2
课程内容

目标达成 本课节结束,你要能够:
1. 完成对课程内容的体认,认识课程内容的短板、结构方式的弊端;
2. 反思对德育课程内容的重组、优化与创新。

预计时间 50分钟。

活动准备
1. 现行的小学德育课本;
2. 若干学者对于课程内容的质疑案例。

主要活动
活动1 对课程内容的体认。
活动2 对课程内容的重组。

活动1 对课程内容的体认

活动目标 通过若干反例来认识课程内容的短板、结构方式的弊端。

活动交代
1. 教材中的非儿童本位;
2. 与儿童可能生活实际的疏离;
3. 教材内容的真实性缺失;
4. 反思:儿童与文本的对话。

活动过程

1. 教材中的非儿童本位。

(1)《胖乎乎的小手》：

全家人都喜欢兰兰画的这张画。

爸爸刚下班回来,拿起画,看了又看,把画贴在了墙上。兰兰不明白,问:"我只是画了自己的小手啊!我有那么多画,您为什么只贴这一张呢?"

爸爸说:"这胖乎乎的小手替我拿过拖鞋呀!"

妈妈下班回来,看见画,笑着说:"这胖乎乎的小手给我洗过手绢啊!"

姥姥从厨房出来,一眼就看见了画上红润润的小手,说:"这胖乎乎的小手帮我挠过痒痒啊!"

兰兰明白了全家人为什么都喜欢这张画。她高兴地说:"等我长大了,小手变成了大手,它会帮你们做更多的事情!"

(资料来源:望安.胖乎乎的小手[M]//语文:一年级下册.北京:人民教育出版社,2001.)

思考:你认为教材的编写者对儿童本位理解了吗?为什么?

_____

_____

_____

(2)《只拣儿童多处行》：

从香山归来,路过颐和园,看见成百盈千的孩子,闹嚷嚷地从颐和园门内挤了出来。就像从一只大魔术匣子里,飞涌出一群接着一群的小天使。

这情景实在有趣!我想起两句诗:"儿童不解春何在,只拣游人多处行。"反过来说也可以说:"游人不解春何在,只拣儿童多处行。"我们笑着下了车,迎着儿童的涌流,挤进颐和园去。

我们本想在知春亭畔喝茶,哪知道知春亭畔已是座无隙地!女孩子、男孩子,戴着红领巾的,把外衣脱下搭在肩上、拿在手里的,东一堆、西一簇,叽叽呱呱地,也不知说些什么,笑些什么,个个鼻尖上闪着汗珠,小小的身躯上喷发着太阳的香气息。也有些孩子,大概是跑累了,背倚着树根坐在小山坡上,聚精会神地看小人书。湖面无数坐满儿童的小船,在波浪上荡漾,一面面鲜红的队旗,在东风里哗哗地响着。

沿着湖边的白石栏杆向玉澜堂走,在转弯的地方,总和一群一群的孩子撞个满怀,他们匆匆地说了声"对不起",又匆匆地往前跑。知春亭和园门口大概是他们集合的地方,太阳已经偏西,是他们归去的时候了。

走进玉澜堂的院落里,眼睛突然一亮,那几棵大海棠树,开满了密密层层的淡红的花,这繁花从树枝开到树梢,不留一点空隙,阳光下就像几座喷花的飞泉……

春光,竟会这样地饱满,这样地灿烂!它把一冬天蕴藏的精神、力量,都尽情地释放出来了!

我们在花下大声赞叹,引得一群刚要出门的孩子又围聚过来了。他们抬头看看花,又看看我们。我拉住一个额前披着短发的女孩子,笑问:"你说这海棠花好看不好看?"她忸怩地笑着说:"好看。"我又笑问:"怎么好法?"当她说不出来低头玩着纽扣的时候,一个在她后面的男孩子笑着说:"就是开得旺嘛!"于是,他们就像过了一关似的,笑着推着跑出门外去了。

对,就是开得旺!只要管理得好,给它适时地浇水施肥,花儿和儿童一样,在春天的感召下,就会欢畅活泼地,以旺盛的生命力,舒展出新鲜美丽的四肢,使出浑身解数。这时候,自己感到快乐,别人看着也快乐。

朋友,春天在哪里?当你春游的时候,记住"只拣儿童多处行",是永远不会找不到春天的!

(资料来源:冰心.只拣儿童多处行[M]//语文:五年级下册.南京:江苏教育出版社,2008.)

思考: 这个文本给儿童读,读什么?有学者(徐冬梅)认为"这完全是写给老爷爷老奶奶看的,拿来作为给孩子阅读的课文,可笑之极",你怎么看?

_____
_____
_____

以上讨论非儿童本位的两例材料,出自小学语文课本。如果我们欲借助学科教学来达成品德的培养目的,你认为可行吗?

_____
_____
_____

(3) 红旗一角的故事:

《品德与生活》二年级下册第8节"鲜艳的红领巾"一课,设计了"红旗一角的故事"。左上角有一个系着红领巾的小兔子,问了这样两个问题:"红领巾为什么是红色的?它为什么是三角形?"(配图是董存瑞只身炸碉堡的故事)

对应的教师教学用书对此作了"图意说明":"教科书38页,讲述了董存瑞炸碉堡的故事,旨在帮助学生了解革命先辈为祖国英勇献身的故事,让学生懂得'红领巾是红旗一角'的由来,提醒学生在和平年代也不能忘记,先辈们曾经为了和平的今天流血牺牲。"

(资料来源:①课程教材研究所.品德与生活:二年级下册[M].北京:人民教育出版社,2007:38.②课程教材研究所.品德与生活教师教学用书:二年级下册[M].北京:人民教育出版社,2007:75.)

思考: 小兔子的问题会得到怎样的回答?这样的设计在逻辑上有什么问题?怎样优化这个教学片段?

_____
_____
_____

2. 与儿童"可能生活"实际的疏离(感觉很陌生)。

(1) 两幅"购物"插图:

(《品德与生活》第一册)在第二单元和第三单元均涉及了"购物"这一话题,对于三年级的学生来说,这个比较常见,应当算是儿童的现实生活,但是仔细看过这两张"插图"后就能感觉出其简单处:一幅是小学生去文具店买玩具,小手中拿着钱;另一幅还是小朋友买文具,只不过这次地点安排在了商场。看过后,笔者不知道这两张"插图"到底要传达给儿童什么样的信息?

(资料来源:王莉.回归儿童生活:小学《品德与社会》教科书的插图研究[D].上海:华东师范大学,2011.)

思考:插图主要反映简单的"现实生活",但是"可能生活"内容在插图中应不应该有所反映?为什么?(帮助儿童在"跳一跳"的基础上……人眼识别文字符号,需2.8秒;而识别照片,只需0.9~1.2秒)

_____
_____

(2)小学生的出行计划:

出行计划

出行时间:共6天。

出行路线:贵阳(乘火车)→重庆(乘火车)→成都(乘火车)→贵阳。

旅游地点:重庆白公馆、渣滓洞、红岩纪念馆;成都杜甫草堂、武侯祠、四川大学;其他景点。

所带物品:学生证、雨伞、日记本、照相机、衣服、晕车药、防暑药等。

制定人:余梅

思考:你认为这个出行计划有什么问题?它的设计内容与我们这个时代相吻合吗?评一评,看哪一组设计出了最优的出行计划。

_____
_____
_____

(3) 奥苏伯尔的观点：

教育心理学家奥苏伯尔曾讲过：如果要把教育心理学的全部内容归结为一句话，那就是我要知道学生的经验是什么，没有这个一切教育都是无效的。

[资料来源：邬冬星.品德与生活、品德与社会课程回归儿童生活的教学策略[J].课程教材教法,2006(9):56-60.]

奥苏伯尔的原话是什么？你如何理解奥苏伯尔的观点？（可结合"单元八 品德发展"的内容来回答）

_____
_____
_____
_____

(4) 反制观点——"替代经验"功能：

课程内容没有必要都与学生的直接经验一一对应，人类积累的知识可以通过"替代经验"的获得者来理解和掌握。

思考：你如何看待这个与"生活取向选材"不同的反制观点？"替代经验"适合于哪些内容？（教材的非正式内容）

_____
_____
_____

3. 教材内容的真实性缺失。

同学们可以借助 CNKI（中国知网）来查看目前学界对各种版本之德育教材的质疑，重点指正教材内容失真的地方。请小组成员各举出一例。（亦可凭记忆来叙述）

_____
_____
_____

4. 反思：儿童与文本的对话。

鲁洁曾谓："教科书在儿童面前就好像是一个跟他进行对话的另一个人，它不是一个客观对象，(不是)一个与儿童不相关的'他'，而更像是一个面对儿童对话的'你'，这个'你'是和儿童相对的，能够激起和它热忱交往的朋友、伙伴。"

[资料来源：鲁洁.回归生活："品德与生活""品德与社会"课程与教材探寻[J].课程教材教法,2003(9):2-9.]

思考：如今小学里使用的各种版本（人教版、教科版、苏教版、西师版等）的《品德与生活（社会）》，有没有体现出"儿童与文本的对话"？为什么？

_____
_____
_____

活动2　对课程内容的重组

🎓 **活动目标**　领会(新旧教材)内容编排的内在逻辑,认识内容序列化之必要性,尝试设计具有一定序列化的教材内容(可为校本教材)。

🎓 **活动交代**

1. (新旧教材)内容编排的内在逻辑;
2. 内容序列化之必要性;
3. 序列化之内容设计。

🎓 **活动过程**

1. 内容编排的内在逻辑。

(1) 旧教材:原有小学德育教科书的编排,是以_____为序,依照_____要求由低而高的坡度,螺旋递进展开,从而建构起体现_____德育特点的知识网络体系。

(2) 新教材:抛弃了_____的框架。以苏教版为例,共12册,每册含3~4单元,每个单元含3~5课。从总体上看,教材以儿童多彩生活以及由个人→家庭→学校→社区→祖国→世界逐步扩大的生活领域为_____,以学生在这些领域生活所关注、所遇到、所要解决的问题为_____,以若干相互依托、相互衔接、渐进提升的教育单元和教育主题为_____建构而成。这是遵循新课程的理念,按照生活逻辑而建构的体系。

(资料来源:陈光全,杨争林.小学德育课程与教学[M].北京:北京师范大学出版社,2013:8-9.)

(3) 单元主题与各课的内在关系:

① 统领与因应特征。单元主题是核心,各课围绕轴心辐射。譬如:_____
_____
_____
_____

② 整合与分解特征。单元主题是整体,各课是整体的分解和细化。譬如:_____
_____
_____

③ 包容与蕴含特征。单元主题包容各课,而各课意义则蕴含在单元主题之中。譬如:
_____
_____

(4) **思考**：如果你认同以上理论框架，请问怎样勘定我们要传授的"德目"内容？（确定教哪些"德目"？依据是什么呢？）

_____
_____
_____
_____

2. 内容序列化之必要性。

内容的序列化：按照儿童品德形成发展的顺序性与阶段性，社会性规范的内在逻辑与层次结构，将德育内容组织安排成系统连贯的序列。

内容要略高于儿童已有的品德发展水平，落在儿童品德的"最近发展区"或"明日发展水平"上。

思考：这个设计的目的是什么？其可能性在哪？《小学德育纲要》所要解决的是什么问题？

_____
_____
_____
_____
_____
_____

3. 序列化之内容设计。

假设由你承担校本教材的编写，其主题是"学会相处"，请尝试设计具有一定序列化的教材内容，写出你的编撰思路。（注：可参照苏教版的教科书）

_____
_____
_____
_____

📖 课余作业

将自己的人生经历中"最骄傲的"或"最感动的"或"最难忘的"事情或经历写下来，以"我最_____"为题，写出300字左右的短文。

1. 这份作业在于提示诸君，挖掘每位同学身上的德育资源，将之作为可用的德育内容，作为日后"品德与生活"和"品德与社会"教学时的参考资源。
2. 由学习委员收上来，班委组织人员校对、排版，汇编成册。
3. 格式：标题黑体，二号字；正文仿宋，小四号字；行距1.25倍，A4纸打印，不折叠、无折痕。

_____
_____

拓展阅读

课后请阅读以下文献，重点阅读其中论及德育内容的观点及案例。

[1] 俞敏洪. 在痛苦的世界中尽力而为[M]. 北京：当代中国出版社，2012.
[2] 刘再复，刘剑梅. 教育论语[M]. 福州：福建教育出版社，2012.
[3] 赵冬梅. 司马光和他的时代[M]. 北京：生活·读书·新知三联书店，2014.
[4] 薛星北. 杏坛微子[M]. 汕头：汕头大学出版社，2006.
[5] 余文武. 民族伦理的现代境遇及其教育研究[M]. 北京：现代教育出版社，2008.
[6] 唐汉卫，张茂聪[M]. 中外道德教育经典案例评析[M]. 济南：山东人民出版社，2005.
[7] 徐贲. 怀疑的时代需要怎样的信仰[M]. 北京：东方出版社，2013.
[8] 六六. 半句实话[M]. 武汉：长江文艺出版社，2014.
[9] 郭本禹. 道德认知发展与道德教育：科尔伯格的理论与实践[M]. 福州：福建教育出版社，1999.
[10] 冉云飞. 给你爱的人以自由[M]. 北京：中国发展出版社，2013.
[11] 孙云晓，胡霞. "较量"背后的沉思：中日儿童教育比较[M]. 郑州：海燕出版社，2004.
[12] 陈光全，杨争林. 小学德育课程与教学[M]. 北京：北京师范大学出版社，2013.
[13] 郭元祥. 教育逻辑学[M]. 北京：人民教育出版社，2002.
[14] 朱自强，王荣生，徐冬梅. 小学语文教材七人谈[M]. 长春：长春出版社，2010.
[15] 林逢祺，洪仁进. 教师不可不知的哲学[M]. 上海：华东师范大学出版社，2009.
[16] 袁伟时. 迟到的文明[M]. 北京：线装书局，2014.
[17] 柏拉图，等. 教育的艺术[M]. 曹晚红，译. 北京：中国友谊出版公司，2013.

案例展示

电影《看不见的孩子》赏析。

本电影由《坦扎》《忧郁的吉卜赛》《基督的孩子》《比鲁与桥》《乔纳森》《吉洛》《双双与小猫》等七部短片组成。

设计意图与目标：重点体味影片的主题思想：冷漠无情的成人世界，对小孩子的伤害，有谁知道？成年人的逼迫偏偏发生在越来越步入文明的世界里。面对这些窘境，我们有没有采取积极的应对方式？

_____
_____
_____
_____
_____

单元六　德育形式

内容摘要

　　本单元着重学习德育形式的两个维度：德育方法与德育手段。先分别从形而上的层面认识德育形式与德育手段，再借助具体的案例来认识。其中，德育方法主要包括讨论说服法、示范法、角色扮演法、价值辨析法、案例研究法；而德育形式则主要讨论语言、榜样、情境、体验、奖惩等手段。重点在对方法与手段的辨析、对既有方法与手段的反思。

要点梳理

◎ 方法与手段的辨析
◎ 德育形式
◎ 德育手段
◎ 对德育形式的反思

课节 1
德育方法

🎓 **目标达成**　本课节结束,你要能够:
1. 正确理解方法与手段;
2. 反思德育方法的不合理性;
3. 借助案例学习常见的五种德育方法。

🎓 **预计时间**　50 分钟。

🎓 **活动准备**
1. 能够反映德育方法不合理的案例;
2. 常见的与五种德育方法有关的典型性案例;
3. 学习德育方法需要选用的电影和歌曲。

🎓 **主要活动**
活动 1　理论辨析:如何理解方法与手段。
活动 2　案例析出:五种可用的方法。

🖥 活动 1　理论辨析:如何理解方法与手段

🎓 **活动目标**　通过对"方法与手段"的基本认识,来达成对德育形式的深刻理解,并能借助案例反思德育方法的不合理性。

🎓 **活动交代**
1. 如何理解方法与手段?
2. 案例分析:德育方法的不合理性。

3. 小组反思:需要怎样的德育方法?

活动过程

1. 如何理解方法与手段?

(1) 墨子所论之"圆法与方法":

今夫轮人操其规,将以量度天下之圆与不圆也,曰:"中吾规者,谓之圆,不中吾规者,谓之不圆,是以圆与不圆皆可得而知也。"此其故何?则圆法明也。匠人亦操其矩,将以量度天下之方与不方也。曰:"中吾矩者,谓之方,不中吾矩者,谓之不方,是以方与不方皆可得而知之。"此其故何?则方法明也。

《墨子·天志》

思考: 你如何理解墨子所论?如何理解2400多年前对"方法"一词的使用?

_____
_____
_____

(2) 方法与手段不可混为一谈:

方法:虽然也被人们称之为活动的手段,但它不是物化了的手段,是人类认识客观世界和改造客观世界应遵循的某种方式、途径和程序的总和。

手段:其最大特征是以实体形态存在,是"一物或诸物的复合体",通过自身所具有的机械属性、物理属性和化学属性作用于客观对象。

思考: ① 你怎么看待方法与手段?

_____
_____
_____

② 长江沿岸的灯塔,是手段(工具)还是方法?为什么培根认为那是方法?Windows系统是方法还是手段?

_____
_____
_____

③ 新石器时代的原始人,使用的加工后的石头,是不是一种手段?今天诸君使用的U盘是不是一种手段?

_____
_____
_____

我们不但要提出任务,而且要解决完成任务的方法问题。我们的任务是过河,但是没有桥或没有船就不能过。不解决桥或船的问题,过河就是一句空话。不解决方法问题,任务也只是瞎说一顿。

(资料来源:毛泽东选集:第1卷[M].北京:人民出版社,1991:134.)

思考: 这里认为"桥或船"就是过河的方法,你怎么看待?

_____

2. 案例分析：德育方法的不合理性。

(1) 学科渗透法：

针对"无教育的教学"的弊端，学界一度有"学科渗透"的说法，即在教育现实中，用贴标签的方式去体现学科教学的德育目标。

思考：你认为这种德育方法的弊端在哪？为了避免灌输，我们用什么样的概念更为准确？

_____
_____
_____

(2) 仪式教育法：

它巩固了群体的规范，给个人的行为提供了道德制裁，为共同体平衡所依赖的个体目的和价值观念提供了基础。

(资料来源：王铭铭.想象的异邦：社会与文化人类学散论[M].上海：上海人民出版社，1998：145.)

思考：你认为仪式这种"以道化俗"的途径有没有效果？时下城乡小学的"仪式教育法"存在什么问题？（为形式而形式）

_____
_____
_____

(3) 经验交流：

站起身来走一走，到各组去访问，看看其对德育方法的不合理性都有什么样的观点？各自说出一个生动的不合理的德育方法的例子。

_____
_____
_____

3. 小组反思：需要怎样的德育方法？

德育的本质是促进德性完善（王健敏），故德育方法均要围绕这个目的。不少学者提出德育宜回归生活、实践体悟和淡化教育痕迹，以便更好地促进儿童的品德发展。

以小组为单位讨论：我们的德育方法应该在何处着力？（提示词：体验、移情、内化、顺从、认同、信奉）

_____
_____
_____

活动2 案例析出：五种可用的方法

🎓 **活动目标**　借助典型性的案例,来探究具有继承价值的五种德育方法,并因应提出创新的思路。

🎓 **活动交代**
1. 逐一学习五种典型的德育方法：说服、示范、角色扮演、价值辨析、案例研究；
2. 思考德育方法创新的路径。

🎓 **活动过程**
1. 说服：

孙蒲远老师的说服教育

北京市史家小学的一个男孩子上课时很调皮,把任课老师惹生气了,下课了全班同学都埋怨他,这个小男孩很懊恼,就去找他的班主任孙蒲远老师。

孙老师做过40多年的小学班主任,经验丰富。她听了小男孩的话,对他说:"犯了错就认错还是好孩子嘛。那你决定怎么认错呢?"小男孩说:"我去给老师赔礼道歉,再给老师鞠个躬。"孙老师说:"鞠躬很好,会让对方知道你很有诚意。可是你会鞠躬吗?试一下我看看。"小男孩直挺挺地点了一下头。孙老师摇摇头说:"这不是鞠躬,这只是点头嘛,点头道歉缺乏诚意。"然后,孙老师站起来,给小男孩演示怎么鞠躬,并让男孩子练习了几次,才让他去给任课老师认错。

(资料来源:孙云晓.训子千遍不如培养一个好习惯:6个步骤让孩子拥有好习惯[N].中国教育报,2014-12-09.)

想一想,这个案例的有效性在哪里?[共识:是说服而不是压服;说理要符合逻辑(演绎、归纳、类比推理);具有双面证据;避免说教]举出一个你经历的、生动的说服人的案例。

_____

_____

2. 示范：

从人家如何做那里学做人

从严格的意义讲,凡是学习如何做人,必定是从人家如何做那里学来的。教孩子第一次撒谎的是谁?是妈妈。当然,教孩子走第一步路的是谁?也是妈妈。后面这句话说明了一个道理,没有母亲就没有英雄。前面那句话也说明了一个道理,没有母亲不会有强盗。

（著者按：读者注意分辨这句话）你看，为什么教孩子第一个说谎的是妈妈啊？孩子高高兴兴地在家里吃水果，外面敲门来客人了，妈妈说，赶快把水果藏起来。我们每一个人如何做人，都是沿着下面这个次序看别人如何做人来学习做人的，小的时候学父母如何做人，后来学老师如何做人，再后来学朋友如何做人，自己成了社会角色以后，就普遍地看官员们如何做人。"尊亲——从师——交友——看官"，这是每个人学习做人的一般进程，也是每个人的思想品德的成长和成熟之路。

（资料来源：曾钊新.伦理十讲：伦理的现实问题研究及方法讲演录[M].长沙：湖南教育出版社，2006：188.）

结合上述案例，你如何来看待"身正为范，见贤思齐"的古训？你又如何看待马克思在《哥达纲领批判》中讲的"一步实际行动胜过一打纲领"这句名言？

_____
_____
_____
_____

示范的境界：以力服人，系权宜之计，不得已而为之；以理服人，才是上策；以德服人，则是上上策。

3. 角色扮演：

在性别关系中

女孩的立场：我是独生女，妈妈住院期间我要悉心照顾妈妈，我想哥哥应分担些家务，请他扫地和洗碟子，但他拒绝了，他认为这不是男人干的工作。设想你是这位女孩，你感觉如何，该怎么办，体会如何，什么是兄妹都可接受的解决办法。

男孩的立场：在母亲住院期间，妹妹料理家务，她让我帮忙扫地洗碗，我不干，因为这是女人该干的活。设想你是这个男孩，这时你该怎么办，有何感想。

（资料来源：冯增俊.当代西方学校道德教育[M].广州：广东教育出版社，1993：112-114.）

此法意在依靠专门设计的"设身处地地为别人着想"的内容，让儿童回答此情此景怎么办。老师则根据其回答判定儿童的成熟度，再决定新的教育策略。

思考：你认为这样的方法主要培养什么样的能力？

_____
_____
_____

4. 价值辨析：

金钱是交往的通行证吗

（引入道德事件）某日，一位男生有3道题目解不出来，早自修时他想请同学帮忙，可是从第一排请求到最后一排，竟没有一个同学愿意教他。马上就要交作业了，情急之中，这位失望的男生掏出 5 角钱"招标":"谁教我,我给 5 角钱!"金钱马上在幼小的心灵中激起欲望,一女生即来"投标"。难题很快解开,助人者理所当然得到了 5 角钱。拿到报酬,这位女生得意地对其他同学说:"今后教同学都该这样收钱!"

(资料来源:王健敏.道德学习论[M].杭州:浙江教育出版社,2002:144.)

思考:此是杭州市胜利小学的一个真实案例,曾引发了一场持续半年的、全校性的价值论辩。请讨论后回答:对于那位女生的做法,一般会有赞同派和反对派,如果你是这个班的老师,你怎么来评判儿童们的真实想法?价值辨析的核心是什么?教育者在运用这个方法时应该注意什么?

5. 案例研究:

加加林入选的偶然性与必然性

1959 年 10 月,苏联首位宇航员的选拔工作在全国展开。加加林从 3400 多名 35 岁以下的空军飞行员中脱颖而出,并最终成为 20 名入选者中的唯一一人,在 1961 年 4 月 12 日,乘坐"东方"1 号宇宙飞船完成了世界上首次载人宇宙飞行。

为什么加加林能脱颖而出?起决定作用的是一个偶然事件。原来,在确定人选前一个星期,主设计师科罗廖夫发现,在进入飞船参观前,只有加加林一个人把鞋脱下来,只穿袜子进入座舱。就是这个细节,一下子赢得了科罗廖夫的好感,感动了他。科罗廖夫说:"我只有把飞船交给一个如此爱惜它的人,我才放心。"

(资料来源:孙云晓.训子千遍不如培养一个好习惯:6 个步骤让孩子拥有好习惯[N].中国教育报,2014-12-09.)

思考:你如何看待事物的偶然性与必然性?这个案例对儿童有什么样的告诫?它给教育者怎样的启示?

课节 2
德育手段

🎓 **目标达成** 本课节结束,你要能够:
　1. 反思德育手段的不合理性;
　2. 借助案例学习典型的五种德育手段。

🎓 **预计时间** 50分钟。

🎓 **活动准备**
　1. 能够反映德育手段不合理的案例;
　2. 常见的与五种德育手段有关的典型性案例;
　3. 学习德育手段需要选用的电影和歌曲。

🎓 **主要活动**
　活动1　体认:不合理的德育手段。
　活动2　研习:五种可用的德育手段。

🖥 活动1　体认:不合理的德育手段

🎓 **活动目标**　通过若干反例来认识不合理的德育手段。

🎓 **活动交代**
　1. 案例分析:德育手段的不合理性;
　2. 小组反思:需要怎样的德育手段?

🎓 **活动过程**
　1. 案例分析:德育手段的不合理性。

单元六　德育形式

(1) 过多威胁的方式：

当西西的妈妈通过监控视屏看到儿子故意去掀掉小马哥专心看的书，挑起事端的行为时，一时无法接受，在学校的走廊让儿子走开，并威胁说不再要他了。在孩子犯错的时候，父母失望的心情可以理解，但也更需要一个冷静和理性的处理方式。

(资料来源：电视节目《一年级》)

对此，有相关研究的心理学家的教育建议是什么？想想看，教师有哪些威胁的方式？

_____
_____
_____

(2) 不道德的方式：

每个小孩一杯豆浆、一块饼干，全班发发发，发到他(朱德庸)饼干一定没有了，或者豆浆剩半杯。幼儿园郊游，所有小朋友都去，提前一天老师上门找他妈妈，能不能不要你的小孩去？妈妈向老师求情，这样对小孩心理影响太大了，你让他去，我叫他乖一点。他站在一边，听着他们对话。

老师是正义的化身，往往最不正义，他的外衣让他可以滥用权力。你没有反抗能力，连表达能力也没有，只有承受，这就是真实发生在小小的我身上的事。我儿子要一年级时，我怀着极大的恐惧，担心我的经验在他身上重来一遍。

(资料来源：朱德庸.我只想抱一抱小时候的我[N].中国教育报，2014-11-26.注：画家朱德庸患有亚斯伯格症，一种没有"智能障碍的自闭症"。)

思考：为什么说朱德庸幼年时的那位上门找他妈妈的老师恐有不道德之嫌？为什么朱德庸会发出老师"往往最不正义"之叹？你有类似的经验吗？

_____
_____
_____

(3) 经验交流：站起身来走一走，到各组去访问，看看其对德育手段的不合理性，都有什么样的观点？各自说出一个生动的不合理的关于德育手段的例子。

_____
_____
_____

2. 小组反思：需要怎样的德育手段？

(1) 在何种意义上提出德育手段的问题？

德育手段是根据德育目的、_____而提出来的。教育不但包含道德的目的，而且采取_____的方式，也就是要有利于学校的道德目的实现的工具、方法与途径。工具意义之德育手段则是指教育者在传递德育内容时，其所依赖的工具、载体或中介，亦需具_____。

(2) 德育手段是不是一个纯粹的技术性问题？

德育手段因为与德育目的相关联而具有意义，但道德目的的正当性并不能保证德育手

段的正当性。亦即,德育目的即便符合道德,也不能不择手段。这说明_____
_____。
——黄向阳

活动2 研习:五种可用的德育手段

活动目标 借助典型性的案例,来探究具有继承价值的五种德育手段,并因应提出创新的思路。

活动交代
1. 逐一学习五种典型的德育手段:语言、榜样、情境、体验、奖惩;
2. 思考德育手段创新的路径。

活动过程
1. 语言。
问题:为什么说教育者是使用道德语言的专家?

_____
_____
_____

(1) 规范性用语:教育者谈论责任或义务、谈论道德上的对与错,以及谈论应该怎样的用语。(属于道德义务判断)
① 祈使句:
禁令:表达否定性的道德规则,禁止如何行事。(不准式)
Don't take the books away from the reading room!/Never be late!/Not so much noise!
指令:表达肯定性的道德规则,规定必须如何行事(必须式)
Be Careful!/Be sure to attend Mr. Yu's class in time./You have to drive On the right in China.
倡议:用道德倡议方式向受教育者提出的道德上的高要求。(应该式)
You should not eat so greedily./You ought to be punctual.
② 陈述句:
建议:向受教育者提出的道德主张或道德上的要求。
I advise you write to your stepmother. / I think you'd better change your diet.
期待:对受教育者的德性有所希望或等待。
Be a man!
希望:希望受教育者未来达到的道德目的或道德境界。
I Wish you could be a top student!

③ 疑问句：

商量：带有规范性语气的交换意见的口吻。

How about helping this blind girl with your warm-hearted?

请求：带有规范性语气的要求或愿望的口吻。

Could you put your waste away?

写出你拿不准的句子：

_____

_____

(2) 评价性用语：教育者对人或者人的动机、意向与品格的判定，明白无误地讲明何为好人、何为坏人、何为有价值之人、何为无价值之人。（道德价值判断）

① 表扬：对好人好事的肯定性评价。

② 批评：_____

③ 褒义词：含有肯定性含义的评价词。〔现代汉语中常用的静态评价词（具有明显的褒贬、评价色彩的词）有 1103 个，其中褒义词 518 个，贬义词 585 个。方言中实际使用的评价词要多于普通适中使用的评价词。〕

巴谱：切合所要涉及的内容；

巴适：基本意思是好。合适、得体、恰当、妥帖、舒服、细致、周到。

④ 贬义词：_____

孬：不好，差。

孬火药：本指炸不响的劣质火药，喻指没有本事的人。

歪：质量很差的，假的。

痴：傻，愚笨。

不依教：不按规矩办事，不客气，不讲情面。

不认黄：不客气，不讲情面。

叉巴：言语举动不严肃、不庄重。

麻筋：不光彩和不好的事使人感到肉麻。

猫煞：鲁莽，粗暴。

泡毛：粗心，马虎。

思考：规范性用语与评价性用语在语词使用上有什么区别？道德义务判断与道德价值判断之区别在哪？

_____

_____

_____

_____

(3)解释性用语：_____

_____

（用自己的话来总结）

①"得物无所用，曰如获石田；为学已大成，曰诞登道岸。"

释义：得到无用的东西，好比得到石头田；求学已大有成就，便登上道德高岸。

②"为学求益，曰日就月将。焚膏继晷（膏，油脂；晷，日光），日夜辛勤。"

释义：学问上得到益处，叫做"日就月将"（日有所得，月有所进）。用灯火继续日光，可见昼夜辛苦。

③"春祈秋报，农夫之常规；夜寐夙兴（寐，睡觉；夙，早，兴，起。晚睡早起），吾人之勤事。韶华（美好的时光）不再，吾辈须当惜阴；日月其除，志士正宜待旦（等到天亮）。"

释义：春天求谷，秋天谢神，是农人的常规；天夜就睡，黎明便起，是人们的勤劳。时光容易过，我们应该爱惜光阴；日月易流失，志士定要倍加勤奋。

④"桃李在公门，称人弟子之多，苜蓿长阑干（栏杆），奉师饮食之薄。冰生于水而寒于水，比学生过于老师；青出蓝而胜于蓝，谓弟子胜于师傅。未得及门，曰宫墙（师门）外望；称得秘授，曰衣钵（学问）真传。"

释义：称赞别人学生很多，叫桃李尽在公门；喻老师生活很辛苦，叫苜蓿长满栏杆。学生超过老师，好比冰生于水，比水还要冷；也像青出于蓝，比蓝更深。还未受到老师教诲，说是宫墙外望；说得到老师秘授，说是衣钵真传。

思考：教育者的言语力量如何彰显更甚？

_____

_____

2. 榜样。

(1) 学生眼中的陈寅恪先生：

陈寅恪先生总是身着皮袍，外面罩以蓝布大衫青布马褂，头上戴着一顶两旁有遮耳的皮帽，腿上盖着棉裤，足下蹬着棉鞋，右手抱着一个蓝布大包袱，走路一高一下，相貌稀奇古怪的纯粹国货式老先生。作为先生，他致力于艰深的研究和用功。在国学方面，一般读书人背"四书""五经"，而陈先生却能背诵十三经，而且每字必求正解。（二十世纪）四十年代，他应牛津之聘前往讲学，欧美汉学家只有像伯希和、斯文·赫定、沙畹等才能听懂其讲演。因为他的讲演广征博引，只语言这一道关一般的专家就闻不过。如：蒙古发现三个突厥碑文，苏联学者无法破译，就是法国沙畹、伯希和等汉学家也解释不了，遂求助于陈寅恪来翻译解释，他的翻译令各国学者同声叹服。他的授课，佛经文学、禅宗文学课用黄布包袱皮，其他课用蓝布包袱皮。每逢讲课讲到需要引证时，打开带来的参考书，把资料抄在黑板上，写满一黑板，擦掉后再写。向学校提出在目盲后，依然带领学生学习。他的意义是超学科超学术的，他的意义在于"学统"，就是把学术当作生命意义来追求的学人传统和可圈可点的道德良心。他的为人和敬业被其弟子称为道德文章。

另：据史料记载，陈寅恪先生精通的外语有英文、法文、德文、俄文、日文，还有蒙古文、满文、阿拉伯文、印度梵文和巴利文、突厥文、波斯文、暹罗文、希腊文、匈牙利文、土耳其文,以及许多中亚细亚现存的或已经消亡的文字,无一不精。

类似的学者有:顾准,15岁时就在上海被称为奇特的天才少年,23岁时用流畅的英文、日文在圣约翰、之江、沪江三所教会大学上课。精通数学、历史学、经济学、哲学、法学、宗教学、社会学、政治学。被称为中国的哈耶克。他说:"我们可以不读书,不做学问,不做知识分子,却不能不做人,做人,才是最根本的。"

[资料参见:①教师印象记.清华周刊:欢迎新同学专号[J].1934(8).②凤凰卫视《我的中国心》节目之《显赫而寂寞的国学大师——陈寅恪》。]

思考: 为什么榜样具有行为示范作用?为什么最经常性的教育手段是语言,而最有效果的教育手段是榜样?

_____
_____
_____
_____
_____

(建议参阅:班杜拉的"观察学习""替代学习"以及"攻击行为""利他行为""亲社会行为"研究。)

(2)刘墉心中的老师与学生:

最好的老师,不是只教你如何获得高分,也不是严格规定你去死记硬背的老师,而是引出你的兴趣,像磁铁一样,带出更多有意思的东西,且在这过程中发现你的潜能。也就是说,最好的老师是教你活的学问,且由其中引导出更宽广的天地!

请愿可以成功,但那成功必不够伟大,狂进的人可能失败,但是那失败往往壮烈。随着年龄的增长,你会发现有道德的人不少,但是有道德勇气的人不多,问题是如果没有人敢挺身出来抗争,不公的永远不公,委屈的永远委屈。我欣赏那些给我纠错的学生,更知道在未来的茫茫人海中,放出异彩的,往往不是班上的书呆子,而是具有风骨与胆识的弟子。

(资料来源:刘墉.超越自己[M].桂林:漓江出版社,2006:4.)

思考: 如何定义道德榜样?榜样主要分为哪几类?如何择定合适的榜样?

_____
_____
_____
_____
_____

3. 情境。

主要特指运用情境教材来开展德育。你如何定义情境教材?

_____

(1)说明情境:常用富有道德寓意的童话、神话、故事、诗歌、笔记。

推荐阅读:沈复的《浮生六记》、胡顺猷的《彩色的雨》。

读 书
佚 名

草地同乘凉,要姊说故事。
姊言但读书,书中件件志。
不仅广见闻,且可开神志。
我愿学读书,我向姊问字。

骆 驼
胡顺猷

骆驼,骆驼,把山背着;
大山,小山,一座一座;
一步,一步,走在沙漠;
不怕冷,不怕渴,走到太阳落。

思考:说明情境的有效性在哪?

_____

_____

(2)实验情境:通过实验来形成或加固某种道德认识。
(3)体验情境:设置隐蔽的人际互动情境,从中获得道德体验。

悼科模兄
余仕哲

一九八七年,我协湄潭守。
访君在省垣,约君家乡走。
君言分身难,嘱意乡情厚。
议立乐水亭,联赞乡水秀。
奉调适他乡,立亭事未就。
而今每思之,不免深自疚。
悲天丧斯人,泪湿青衫袖。
惟望湄水长,希文能世寿。

注:谭科模议立"乐水亭"并拟联:"庶绩贤熙,广大人民藏睿智;长川自秀,苍茫宇宙显殊功。"

(资料来源:蒲培芳.困学诗词[M].北京:作家出版社,2005:10.)

蹇先艾先生曾谓,湄潭人中有两个读书种子,一个是石果,一个是谭科模。谭先生求学贵大,曾是张汝舟先生最欣赏的弟子。谭先生先后任教于贵阳一中、贵阳师专,系贵阳名师。他的这个提议到了当时的湄潭县,因有人对"广大人民"四字的运用不赞同,遂作罢。

思考: 对于学富五车的谭科模而言,否定这副对联并不一定会增添他的不快。但是,为什么有人对"广大人民"的理解与谭先生存在差别呢?若体验情境关涉人际互动,它给我们怎样的启示?

（4）道德两难情境（参见"单元八 品德发展"）:

问题： 道德两难情境的意义在哪?道德两难问题有没有标准答案?道德两难问题为什么会促使道德判断力的提升?

小 结

说明情境、实验情境有助于提升儿童的道德认识;体验情境有助于提升儿童的道德信念和儿童行为习惯的养成;道德两难情境有助于激发儿童进行道德探究、发展道德思维能力。

4. 体验。

新加坡的服役规定

新加坡明文规定,成年男性必须服兵役。高中毕业之后必须服役两年到两年半才可以升学或就业。在此期间,他必须在新加坡武装部队、新加坡警察部队或者是新加坡民防部队服役。在服役期间,新加坡武装部队除了对士兵进行必要的军事技术、技能的训练外,更加注重每一位成员国民意识的培养和训练,使他们能够为了自己祖国的利益贡献自己的一切。而且,更重要的是,两年的服役经历,使得他们的责任感和成人意识明显增强。

（资料来源：檀传宝,王小飞.当代东西方德育发展要览[M].北京:人民教育出版社,2013:299.）

思考： 为什么两年的服役经历,使新加坡青年的责任感和成人意识明显增强?

5. 奖惩。

"棍棒闲置,儿童宠坏。"（西欧谚语）

"男孩子的耳朵长在背上,打他他才听。"（古埃及谚语）

"不打不成人,黄金棍下出好人。"（贵州湄潭谚语）

（1）奖赏等同于表扬吗?惩罚等同于批评吗?奖赏与道德行为之间有什么关系?

(2) 惩罚与失范行为之间又有什么关系？惩罚有没有基本标准？（可借助查阅资料来回答）

　　(3) 你如何看待教育的最高境界是"不滥用惩罚"？

　　6. 小组讨论并思考德育手段创新的可能路径。

课余作业

　　申请到××市××区×××小学当助教一个月，具体协助少先队大队委、心理咨询室、校园农场的工作，做好儿童行为的观察记录，并作一定水准的学理解读。

　　要求：1. 文字内容（记录和解读）不少于10000字。

　　2. 由学习委员收上来，班委组织人员校对、排版、汇编成册。

　　3. 格式：标题黑体，二号字；正文仿宋，小四号字；行距1.25倍，A4纸打印，不折叠、无折痕。

拓展阅读

课后请阅读以下文献，重点阅读其中论及德育手段的观点及案例。

[1] 王铭铭. 想象的异邦：社会与文化人类学散论[M]. 上海：上海人民出版社，1998.

[2] 曾钊新. 伦理十讲：伦理的现实问题研究及方法讲演录[M]. 长沙：湖南教育出版社，2006.

[3] 冯增俊. 当代西方学校道德教育[M]. 广州：广东教育出版社，1993.

[4] 王健敏. 道德学习论[M]. 杭州：浙江教育出版社，2002.

[5] 刘墉. 超越自己[M]. 桂林：漓江出版社，2006.

[6] 檀传宝，王小飞. 当代东西方德育发展要览[M]. 北京：人民教育出版社，2013.

[7] 蔡元培. 中学修身教科书[M]. 南京：译林出版社，2013.

[8] 汪曾祺. 忆昔[M]. 北京：北京联合出版公司，2014.

[9] 李鸣. 声律启蒙[M]. 北京：中华书局，2013.

[10] 沈从文.从文自传[M].南京:江苏人民出版社,2014.

[11] 余世存.人间世:我们时代的精神状况[M].北京:九州出版社,2014.

[12] 季羡林.随缘而喜:我的人生哲学[M].北京:国际文化出版公司,2014.

[13] 季羡林.我的求学之路[M].天津:百花文艺出版社,2014.

[14] 徐贲.听良心的鼓声能走多远[M].北京:东方出版社,2014.

[15] 朵渔.说多了就是传奇[M].北京:新星出版社,2014.

[16] 汪丁丁.青年对话录:人与制度[M].北京:东方出版社,2014.

[17] 程麻.谈古论今说"圆满":中国文化心理偏失[M].北京:中国社会科学出版社,2013.

[18] 朱小棣.等闲识得书几卷[M].北京:知识出版社,2014.

[19] 许豪杰.离下课还有10秒[M].北京:北京时代华文书局,2014.

[20] 蒲培芳.困学诗词[M].北京:作家出版社,2005.

案例展示

电视节目《一年级》欣赏。

该节目系湖南卫视倾力制作的校园节目,它里面有来自7个不同家庭且性格殊异的一年级新生。节目重点讲述了他们告别无忧无虑的幼儿园生活之后,在寄宿制小学的生活实情。

设计意图与目标:重点体味小学一年级学生的生活。节目中会呈现许多实际的问题,均为每位教师、父母可能碰到的问题,它会考验教师、父母的教育智慧。选择观看一期节目以后,尝试写出自己独具特色的教育建议,尽量体现出专业水平。

单元七　师德修养

内容摘要

本单元讨论了师德修养问题。先讨论"师德内涵",能正确理解师德问题的核心所在和师德的主要内容;用实际案例来讨论师德关系的发生,通过有关师德修养的正反案例,来做道德选择,并树立自己的师德修养观。

要点梳理

○ 师德概念的内涵
○ 师德问题的核心
○ 师德的主要内容
○ 道德选择
○ 师德修养观

课节 1
师德内涵

📖 **目标达成** 本节课结束后,你要能够:
1. 用自己的语言说出师德的内涵;
2. 正确理解师德问题的核心所在;
3. 体会师德包含的主要内容。

📖 **预计时间** 50 分钟。

📖 **活动准备**
1. 教育家关于师德的思想观点;
2. 用于本节课讨论的案例。

📖 **主要活动**
活动 1　小组讨论:什么是师德?
活动 2　警句剖析:师德问题的核心。
活动 3　师德的主要内容。

🖥 活动 1　小组讨论:什么是师德

📖 **活动目标**　用自己的语言说出师德的内涵。

📖 **活动交代**
1. 本活动意在引发学生思考:师德在教师职业生涯中的重要性;
2. 学生查阅相关资料,谈自己对师德概念的理解;
3. 老师启发学生对师德概念做一个概括性的解释。

活动过程

1. 苏霍姆林斯基在《和青年校长的谈话》一书中写道：教师成为学生道德上的指路人，并不在于他时时刻刻都在讲大道理，而在于他对人的态度（对学生、对未来公民的态度）能为人表率，在于他有高度的道德水平。谁能够激发起学生的尊严感，谁能够启迪他们去思索人生的意义，谁就可以在他们的心灵之中留下印迹。

小组集体讨论，谈谈自己对师德的理解，试着说出师德概念的内涵。

_____
_____
_____

2. 全班同学交流，小组发言人发言，各组记录人记下要点。
3. 老师总结为什么苏霍姆林斯基具有德性的力量。

_____
_____
_____

活动2 警句剖析：师德问题的核心

活动目标　通过分析相关名言警句，总结出师德问题的核心。

活动交代

1. 学生分享自己收集的关于师德的名言警句，并谈谈对这些句子的理解，为体会师德问题的核心做铺垫；
2. 教师与学生交流，以期达到师生的思维碰撞。

活动过程

1. 古今中外很多教育家都发表了自己对于师德问题的核心的看法。请同学们在小组内分享自己收集的关于师德核心的名言警句，并谈谈对其的理解。

_____
_____

2. 教师分享自己对下面警句的看法。

（1）要成为孩子真正的教育者，就要把自己的心奉献给他们。——苏霍姆林斯基《把整个心灵献给孩子》。

（2）当教师的必不可少的，甚至几乎最主要的品质，就是要热爱儿童。——赞科夫《和教师的谈话》。

3. 小组讨论并形成关于师德问题的核心的一致看法。

4. 老师评价并总结为什么师德和医德不一样。
_____
_____
_____

活动3　师德的主要内容

活动目标　了解师德主要包括哪些内容,以及在实际教学中师德是如何表现的。

活动交代
1. 思考一组预备性命题;
2. 研读、讨论相关案例,各组讨论后概括师德包含的主要内容;
3. 启发同学们发表对师德内容的深刻见解。

活动过程
1. 子曰:"敬事而信。"(要慎重地做事且要讲信用)你怎么看待这个预备性命题?"敬事而信"表现了教师的哪种职业道德?
_____
_____
_____

2. 阅读以下张伯苓先生以身作则戒烟的故事,阅读后思考问题。

我国著名教育家张伯苓先生,1919年之后相继创办了南开大学、南开女中、南开小学。他十分注意对学生进行文明礼貌教育,并且身体力行,为人师表。

一次,他发现有个学生手指被烟熏黄了,便严肃地劝告那个学生:"烟对身体有害,要戒掉它。"没想到那个学生有点不服气,俏皮地说:"那您吸烟就对身体没有害处吗?"张伯苓先生对于学生的责难,歉意地笑了笑,立即唤工友将自己所有的吕宋烟全部取来,当众销毁,还折断了自己用了多年的心爱的烟袋杆,诚恳地说:"从此以后,我和诸同学共同戒烟。"果然,打那以后,他再也不吸烟了。

(资料来源:佚名.人格的力量——张伯苓先生以身作则戒烟.作文,2013.5.1.)

思考:教师如何对学生进行道德影响?
_____
_____
_____

3. 小组思考并讨论:师德还包含哪些内容?
_____
_____

4. 教师总结人民教师当如何领受师德之教。

课节 2
师德修养

🎓 **目标达成** 本节课结束,你要能够:
1. 从实际案例中了解师德的发生;
2. 感悟出师德的重要性。

🎓 **预计时间** 50 分钟。

🎓 **活动准备**
1. 电影《乡村女教师》片段;
2. 供本节课讨论使用的案例。

🎓 **主要活动**
活动 1　观看影片《乡村女教师》。
活动 2　师生讨论:范美忠和谭千秋,你会选择当谁?

活动 1　观看影片《乡村女教师》

🎓 **活动目标**　通过观看苏联影片《乡村女教师》,了解女主人瓦尔瓦拉在教师岗位上的感人故事,感受瓦尔瓦拉的高尚师德。

🎓 **活动交代**
1. 观看影片,谈谈自己对影片的感受;
2. 启发学生发表对影片的深刻见解;
3. 老师与学生讨论影片背后的师德问题。

活动过程

1. 教师利用多媒体播放影片片段,学生观看,看完写下自己的感受。

_____
_____
_____

2. 教师对影片故事做适当的交代。

影片《乡村女教师》的主人公瓦尔瓦拉,是位年轻的姑娘,她只身来到一个偏僻的山村任教。此地自然条件恶劣,交通不便,曾经来过的教师一个个都跑了。瓦尔瓦拉在乡亲们和孩子们的热切期望和鼓舞下,坚持下来了。一批一批的孩子经过她的教育升到高一级学校去学习,长大成才。数十年后,她参加了她教过的学生的聚会,当年的学生手捧鲜花,簇拥着呼唤着她——这位头发斑白的老师,向她致以亲切的问候。这些学生中,有将军、科学家、诗人、模范工作者。女教师陶醉在无比的自豪之中……乡村女教师或许也可以成为科学家、诗人、作家等,但由于她把青春献给了教育事业,献给了她的学生,她的理想由她的学生去实现了。

请小组讨论:这个影片影射出什么师德问题?

_____
_____
_____

3. 请同学们举出自己亲身经历过的关于教师师德的事例,并说说自己对师德的看法。

_____
_____
_____
_____

活动2　师生讨论:范美忠和谭千秋,你会选择当谁

活动目标

通过两个截然不同的实际案例,引发学生的思考,做出师德行为选择。

活动交代

本活动旨在通过两个完全对立的案例,帮助学生分析判别师德的表现,感悟师德的发生,做出师德行为选择。

活动过程

1. 案例阅读:范美忠和谭千秋事件。

"范跑跑"事件

"5·12"汶川地震,四川省都江堰市光亚中学教师范美忠,在没有顾及学生安危的情况

之下,率先冲出教室逃生。事后,范美忠在网络上发表文章《那一刻,地动山摇——"5·12"汶川地震亲历记》,他在文中说:"在这种生死抉择的瞬间,只有为了我的女儿我才可能考虑牺牲自我,其他的人,哪怕是我的母亲,在这种情况下我也不会管的。"由此,范美忠的行为引发媒体的关注。

谭千秋事迹

2008年5月12日下午2点多钟,谭千秋在教室上课,他正讲到高潮部分时,房子突然剧烈地抖动起来。地震!谭千秋意识到情况不妙,立即喊道:"大家快跑,什么也不要拿!快!"同学们迅速冲出教室,往操场上跑。房子摇晃得越来越厉害了,并伴随着刺耳的吱吱声,外面阵阵尘埃腾空而起……还有四位同学已没办法冲出去了,谭千秋立即将他们拉到课桌底下,自己弓着背,双手撑在课桌上,用自己的身体盖着四个学生。轰轰轰——砖块、水泥板重重地砸在他的身上,房子塌陷了……2008年5月13日22时12分,谭千秋终于被找到。"我们发现他的时候,他双臂张开着趴在课桌上,后脑被楼板砸得深凹下去,血肉模糊,身下死死地护着四个学生,四个学生都还活着!"第一个发现谭老师的救援人员眼含热泪,他说,谭老师誓死护卫学生的形象,是他这一生永远忘不掉的。

面对同样的情形,两位老师做出了截然不同的行为,小组讨论对这两个案例的感受。

_____

_____

2. 透过以上两个案例,我们看到了师德在这两位老师身上的体现。思考:当危机来临时,如果你作为老师,你会选择做范美忠还是谭千秋?为什么?

_____

_____

3. 老师发表自己的看法。

_____

_____

课余作业

学生观看老师播放的关于师德修养问题的讲座,完成以下作业:
1. 为这个讲座拟出提纲,并完善它。
2. 以小组为单位,完善这个讲座的PPT,按照小组的集体意见来补充。
3. 500字左右的观后感。要求:杜绝抄袭,必须独立完成。
4. 格式:标题黑体,二号字;正文仿宋,小四号字;行距1.25倍,A4纸打印,不折叠、无折痕。

拓展阅读

课后请阅读以下文献,重点阅读其中论及师德修养的观点及案例。

[1] 张应杭.伦理学概论[M].杭州:浙江大学出版社,2009.

[2] 曾钊新.伦理十讲:伦理的现实问题研究及方法讲演录[M].长沙:湖南教育出版社,2006.

[3] 任丑.伦理学基础[M].重庆:西南师范大学出版社,2011.

[4] 陈桂生.德育引论[M].上海:华东师范大学出版社,2018.

[5] 全国师德教育研究课题组.师德突出问题典型案例评析:小学教师读本[M].北京:北京师范大学出版社,2014.

[6] 李诚忠,王序荪.教育控制论[M].长春:东北师范大学出版社,1986.

[7] 林崇德.教育的智慧:写给中小学教师[M].北京:北京师范大学出版社,2007.

[8] 教育部课题组.深入学习习近平关于教育的重要论述[M].北京:人民出版社,2019.

[9] 彭林.家教与门风[M].上海:上海文艺出版社,2015.

案例展示

韩国电影《老师你好》赏析

金邦斗是汉城的初等学校的一个老师,尽管看起来一表人才,却实在没有什么师德,无心任教,一心想的都是怎样才能从家长那里捞到好处,对待学生也是根据家庭的好处有偏有向。其结果就是被派江原道的一个偏远乡村学校继续执教。这可苦了金老师,没有什么油水可捞的地方,加上一群土里土气的孩子,他更没有心情教书,一心只想着怎么回去。没想到这些孩子个个都天真善良,于是他又动起了歪脑筋,希望能够得到一点点好处。在乡村小学里,金老师认识了一些家境贫寒的孩子,这样的孩子也给了他很大的触动,在日久天长的接触中,他发现自己居然有些舍不得这些孩子,而这些孩子也是一样。

设计意图与目标:教育中也有教育反哺。通过观看这部电影,体会一位贪得无厌的坏老师如何在一群天真善良的学生群里"改邪归正"。

单元八　品德发展

内容摘要

本单元讨论了品德发展实质。用"有趣的错误"的案例来理解社会规范的接受和内化的三个阶段——服从、认同、内化,并讨论其影响因素;领会品德发展的实质,掌握皮亚杰的道德判断二水平论、柯尔伯格的道德发展六阶段论、对偶故事法、道德两难故事法。

要点梳理

- 社会规范学习
- 品德发展
- 皮亚杰的对偶故事法
- 柯尔伯格的道德两难故事法

课节 1
社会规范学习

🎓 **目标达成**　本课节结束,你要能够:
1. 了解社会规范学习的含义;
2. 掌握社会规范学习的过程与条件。

🎓 **预计时间**　50分钟。

🎓 **活动准备**
供讨论使用的各类案例。

🎓 **主要活动**
活动1　案例分析:有趣的错误。
活动2　理论提升:从别人的规则到自己的规则。
活动3　一个态度说服的过程。

活动1　案例分析:有趣的错误

🎓 **活动目标**　通过案例呈现儿童在其品德成长过程中的各种各样的"有趣的错误",启发学习者(未来的教育者)意识到儿童的社会规范学习和品德发展是学校德育中不可忽略的重要课题,从而思考如何教育儿童正确地认识和实践社会规范。

🎓 **活动交代**
1. 研读下文三个案例,逐一指出这些案例中所呈现的"有趣的错误"在哪。
2. 在老师的帮助下了解社会规范学习的含义。
3. 小组讨论:如何对儿童品德发展作出卓有成效的指导?为什么我们需要掌握儿童社会规范学习和品德发展的规律?(对教育技能、教育艺术的执著追求)

活动过程

1. 阅读以下虚假的道德表演的故事,以小组为单位,讨论其"有趣"在哪。

(1) 案例一:

我和同学牟萌子相约去黔灵山踩自行车,可不幸的是,他的前轮气门芯掉了。于是,我就把自己的气门芯给他的自行车安上。之后,我俩高高兴兴地各自踩着自己的自行车玩起来。

_____

_____

提示:利己与利他的二元分离,似乎利己就不可以利他,为了标榜自己有道德,进行虚假道德表述和夸张不实道德行为。

(2) 案例二:

牟萌子最喜欢写的情节就是捡钱,后来到了不可收拾的地步。为了夸大他的捡钱本领,说在花园里面捡到1个亿,而且都是10元面钞。说约有一语文书那么厚。老师当堂念出来,牟萌子浑身发抖。

_____

_____

提示:作者小时候看见同学们纷纷上交捡到的东西,也着急了,把自己的铅笔也交了上去。但我们别忘了,道德必须是真实的,没有真实性就不会有道德。

(资料来源:扈中平.我国道德教育虚伪性批判[M]//丁钢.聆听新知:2008全国教育学研究生暑期学校经典演讲.上海:华东师范大学出版社,2010:204-205.)

(3) 案例三:

有一次上课,老师让孩子们联系自己的实际,一个小胖子前两天在教室的门上被同学卡断了一根手指头。"当时你是怎么想的?"还裹着纱布的他站起来一字一顿地说:"我当时想,革命战争年代,先辈们把自己的生命都牺牲掉了,我牺牲一根手指不算什么!"全班同学和所有听课者都开怀地笑了起来。老师又说:"你说实话,你当时真的这样想吗?"小胖子低下头说:"我当时想一根手指头断了,我不知道自己还有没有用。"时代总算在这里迈开了小小的一步。

(资料来源:张文质.唇舌的授权:张文质教育随笔[M].福州:福建教育出版社,2001:112-113.)

_____

_____

提示:课堂上老师的那一句追问,在德育教学上有什么意义?

你还可举一个虚假的道德表演的故事(记录本组的一个精彩案例也可以):

_____

正如扈中平所言,包括我们自己在内,童年、少年时代都有过上述类似的"表演"。作为未来的教育者,应该如何教育儿童正确地认识和实践社会规范,被看作实教从学的基本素养。

2. 在老师的帮助下了解社会规范学习的含义。

(1) 基础性认识:社会规范意在调节人之交往关系,管控社会秩序,维持社会稳定。所以我们说社会规范具有社会控制的功能,而此功能又是借力个体的社会规范学习来达成的。社会规范学习是什么样的学习? 以情感为核心的知情意行的整合学习,并以此来建构和发展品德,完成社会性发展。

问题:你认为社会规范有哪些呢?

(2) 以下是社会规范的各种实际案例,请你说说它应该归属于哪一种社会规范方式。

尊重未成年人的人格尊严。(《未成年人保护法》第5条)

禁止用任何方式对公民进行侮辱、诽谤和诬告陷害。(《宪法》第38条)

己所不欲,勿施于人。(此概念讲求平等)

我家住在中越边境上,过去常因一些小事和越南人吵架。我们家乡有一种菜叫"安南菜",越南人一听到"安南"这个词就光火,认为那是"亡国奴"的代称。但是不管怎么小心,还是经常用到这个词,如:安南帽、安南妹等,因此常常吵架。不知道这些_____,就很难了解一个民族的性格和精神。一个地区、一个群落也是这样。

[资料来源:叶春生.民俗传统的认同与复归:对当前"民俗热"的思考[J].宝鸡文理学院学报(社会科学版),2002(4):28-33.]

(贵阳布依族)在择偶阶段,青年男女通过赶场、节日集会、送亲、做客等机会接触和认识,用对歌形式进行交流。开始并不涉及情爱内容,待多次见面,加深了解,在多次对歌中彼此产生爱慕之情,于是就互赠信物。然后男方家请媒人到女方家提亲。女家应允后,征得女家同意,择吉日到女家定亲。之后,又经过拿八字、合八字等程序,如果男女双方八字合,就择日举行婚礼。每一个程序都伴随着礼俗歌演唱或韵语的念诵。到了婚礼阶段,仪式程序更多,礼俗歌演唱更是丰富和频繁。

[资料来源:周国茂.论黔中布依族礼俗歌[J].贵州大学学报(社会科学版),2010(1):92-97.]

礼是一种法则、规范或仪式,礼都是按一定程序和规范来进行的,具有意识特征,因此人们通常把"礼"和"仪"连起来,于是就有了"礼仪"这样的说法。

(周国茂)

(3) 让我们来看看以下的图示(社会规范学习):

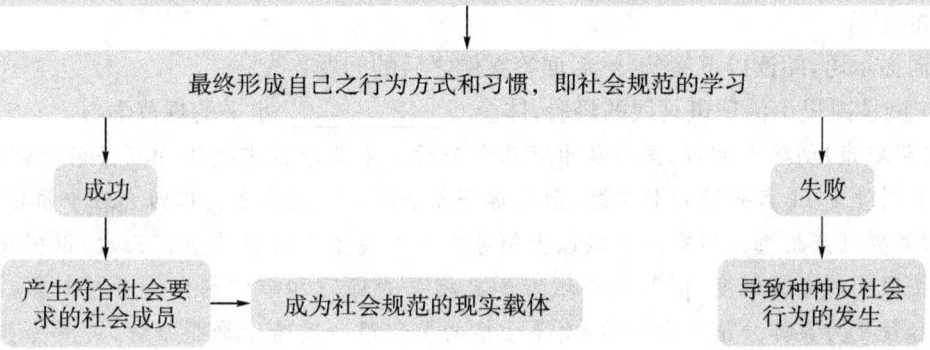

（4）定义：社会规范学习是个体在特定的社会环境之中，认识且自觉地遵循社会规范的过程（内化）。小组还可以讨论这个定义，对其进行优化处理。

_____

_____

（5）请拓展阅读心理学家皮亚杰的《儿童的道德判断》（重点阅读本书第一章"游戏的规则"），看其如何研究儿童玩弹子游戏时对规则的遵守，以及具有一定的社会交往与合作之后对规则的遵守。读完后组内同学请交换自己的看法。

（资料来源：皮亚杰.儿童的道德判断[M].傅统先,陆有铨,译.济南：山东教育出版社,1984.

_____

3．小组讨论：如何对儿童品德发展作出卓有成效的指导？为什么我们需要掌握儿童社会规范学习和品德发展规律？（对教育技能和教育艺术的执著追求）

_____

_____

_____

活动 2　理论提升：从别人的规则到自己的规则

活动目标　通过案例来理解社会规范的接受和内化过程的三个阶段：服从、认同和内化。

🎓 活动交代

1. 运用三个案例来佐证服从、认同和内化;
2. 小组讨论,分别举出自己的例子,来说明自己是如何从别人的规则到自己的规则的"立法"过程;
3. 简明扼要地总结出服从、认同和内化的含义。

🎓 活动过程

根据提示语,阅读以下案例,然后回答案例之后的问题:

(1) 阅读凯里市治理斑马线的经验,体会＿＿＿＿＿＿水平的规范学习。

(文明城市)创建之初,凯里市从市直几十个行政事业单位中抽出300多名干部每天从早上8点到晚上11点分散到北京路、韶山路等各个路口轮流值守。市四大班子领导分段包干,每天都要到点检查。所有副县级以上领导每天都要不定时轮流上街三次,以强化督查。凯里市按照创建考核制度,把所有与城市形象相关的部门和单位都列入考核对象,把所有考核内容量化为具体分值。考核后,对不合格的单位第一次给予通报批评,并责令整改;第二次黄牌警告,组织部门对单位负责人进行谈话;第三次单位负责人就地免职。("凯里治理斑马线事件"被列为中国青年报2002年度国内十大法制事件之一)

[资料来源:徐晓光,曾令波.走在斑马线上:黔东南凯里市人行交通秩序治理与市民守法意识调查[J].凯里学院学报,2009(4):16-20.]

问题:① 凯里市派遣干部作为执法者到场,说明了什么?为什么这个城市的交通能以优良的面目示人?思考这个案例对德育工作的重要启示。

_____
_____
_____

② 表面上的、水平较低的服从,可不可以省略不计?为什么?

_____
_____
_____

(2) 阅读《马克思的家教》,体会比"服从"更进一步的"认同"。

在孩子们幼年尚未学会阅读之前,马克思按循序渐进原则,亲自把他喜爱的具有进步思想的古典名著读给孩子们听,或自编故事讲给孩子们听。艾琳娜回忆说,像对我姐姐们那样,摩尔给我读完了荷马的全部作品,全部《尼贝龙根之歌》《古德论》《唐·吉诃德》等等。等孩子们长大一点时,马克思就转向培养孩子们每天阅读和动脑的习惯,指导她们在阅读过程中学会思考、理解,学会背诵、记忆,学会做笔记、摘录或写心得体会。艾琳娜六岁时,就能背诵莎士比亚剧本中整场整场的台词。看来理解上的背诵是很有益的,它可以锻炼记忆,又可促进智力和情感的发展。小燕妮酷爱读书和理解背诵,想象力非常丰富,在众多孩子面前,她能发表完全自己想象出来的包括世界上的古典名著、文学作品、哲学、自然科学、历史……其中还有马克思本人的著作。她们既是马克思著作的首批读者,也是所有读者中最年轻的。此外,她们还像马克思那样努力学习多种外国语言。马克思极力鼓励她们学习外语,并教给她们学习方法,她们把外国语言的学习同阅读古典作品原文结合起来,这样既学习了不少古典名著,同时也学会了多种外国语言。劳拉很早就把歌德的《浮士德》译成英文,后来又将《共产党宣言》译成法文;小燕妮曾将《资本论》译成法文;艾琳娜又将法文《巴黎公社史》译成英文,如此等等。她们都像马克思那样刻苦学习,一般也能掌握好几种外语。

[文献来源:吴清安,胡茂才.马克思的家教:现代父母的榜样[J].邵阳学院学报(社会科学版),2005(10):141-142.]

问题:艾琳娜、小燕妮、劳拉、艾琳娜的行为有没有依赖外部的压力?为什么?在认同这一个阶段,什么代表的社会规范对儿童的影响较为显著?

_____
_____

(3) 阅读《阿甘正传》中的片段,体会社会规范学习的最高阶段——内化。

(与越南军队的激战中,一度失利,接到撤退的命令后)我一直跑,就像珍妮要我做的。我跑得这么快这么远,很快就只剩下我一个人,这下糟糕了。布巴,布巴是我最好的朋友。我要保证他没事。(阿甘往撤退的线路重新跑回,冒着生命危险奔跑)你在哪儿,布巴?我回去找布巴途中,发现有个人躺在地上,"泰克斯,好了。"我不能让他单独躺在那里,他非常害怕,所以我扶起他,背他逃出那里。(救出战友之后,又回去找布巴)每次我回去找布巴,总有人在喊:"救命!福雷斯,救命!""好了,好了,不要怕,兄弟,躺下,你会没事的。"我开始担心我可能永远找不到布巴。"我知道我的处境越来越危险,这一带到处都是'越共',我这儿需要快速的支援,完毕。""丹中尉,科曼死了!""我知道他死了……整个排全完了,该死的!你干什么?你把我放下!走开,把我留在这里!走开!啊!我说把我留在这儿,该死的!""雷利,我是强手,我们马上提供快速支援,完毕。"突然好像有什么东西跳起来咬我,"啊!什么东西在咬我!""……我不能离开我的排。我叫你把我留在那里,阿甘。丢下我,自己逃吧!你听到我的话没有?阿甘,见鬼,放下我!你自己逃吧。我没叫你救我出去……你又要去哪里?""去找布巴。""我已经呼叫空袭了,他们会把那里炸平,留在这里!这是命令!""我要找到布巴!"(一路疾奔去找布巴)"福雷斯!""布巴!""我没事,福雷斯,我没事……""啊,布巴!""不,我没事的。"行了,行了,行了。""我没事,福雷斯,我没事,我很好。"(飞机在他们身后扔炸弹)"炸平那里!"如果我知道这将是我和布巴的最后一次谈话,我会想些更好的话来说,"嘿,布巴。""嘿,福雷斯,出什么事了?""你中弹了。"布巴说了一句我永远不会忘记的话:"我想回家。"布巴是我最好的好朋友,我还知道,好朋友不是你那么容易找到的,布巴想当一个捕虾船的船长,但是,他却死在越南的一条河边。(阿甘把布巴抱在怀里)

(根据电影《阿甘正传》记词,画线部分是阿甘的行为和语言)

问题:阿甘的屡次救人行为是由什么所驱动?你认为他这种高度自觉和主动的行为信奉的是什么样的规范?

(4) 儿童社会规范学习的特点。

◎ 认识与行为不同步：年龄小的行为先于认知，对规范的认识肤浅；年龄大的认识先于行为，讲空话和大话，自制力不强。

◎ 从外部控制到内部控制：低龄儿童靠外部力量来监督，几乎没有出自其内心的自觉需要。而高年级儿童开始渐渐有自己的内在道德需要。

◎ 从接受教育到自我教育：慢慢开始自己教育自己，其自我教育可巩固已然认同或内化的行为规范。

作业：在社区观察儿童的行为，试分析其上述特点。

(5) 小组讨论，分别举出自己的例子，来说明自己是如何从别人的规则到自己的规则的"立法"过程。

(6) 如何定义服从、认同、内化？

活动3　一个态度说服的过程

活动目标　理解社会规范学习，实质上体现为个体从表面服从到内心信奉这样的一个态度变化的过程，并尝试讨论儿童社会规范学习中的影响因素。

活动交代

1. 案例分析：道德是人为自身的"立法"。
2. 教育支招：培育自己的教育形象。
3. 信息可信度：令人信服的双面论据。
4. 校外因素：问题和好处一样多。

活动过程

1. 道德是人为自身的"立法"（唤起更高的自我要求）。

一个小学四年级的女孩与本班的5位同学一起参加了年级组织的数学竞赛。卷子发下来后，她只得了80分，最后一题没做被扣了20分。这孩子的爸爸在看她的试卷时发现最后一题她曾经做了几步,而且是对的,可是却被擦掉了。爸爸就问她怎么回事,她犹豫了一会儿说竞赛前,数学老师交代说,要为班级争光,竞赛时互相之间适当地看一下不要紧。最后一道题不会做,我就偷看了同学的卷子。快交卷子时我想,这样做就是得了第一名也不光彩,就把它擦掉了。父亲听了心一震,想起当年自己参加考试时,受同学重托,带礼物到老师家套题的事。面对孩子的诚实和真诚,这位爸爸不知说什么好。

(资料来源:孙云晓.向孩子学习[M].昆明:晨光出版社,1998:200.)

考试规则是凝聚着所有学子的共同意愿的结晶。案例中的孩子对自己的行为给予否定,她是迫于外在强制还是出于内在自觉需要(自我要求)?

_____
_____
_____

2. 培育自己的教育形象(自身教育威信的树立)。

(1) 像这样描述你的课是有价值的课:

◎ "我喜欢在这个学校教这门课!"
◎ "这个课是我的最爱。"
◎ "去年学生很爱这个课。"(他们不知道这是你第一年上课才这样说)
◎ _____

(2) 像这样来鼓励学生:

◎ "如果你们都能在今天的课上完成这些的话,就没有家庭作业了。"(只是在你本来就打算不留家庭作业的情况下这样说)
◎ "最先把桌子收拾整洁的人可以最先玩。"
◎ "我们知道星期五下午难以让你们集中精力上课,但是你们如果花一个小时认真学习,我就留给你们半小时玩。"(小学)
◎ _____

(3) 当有孩子回答正确时,像这样对他/她说:

◎ "能干!"
◎ "我就知道你擅长这个!"
◎ "你真是有数学/科学头脑!"(不管怎样老套的表扬话都管用)

(4) 当孩子回答不正确时,像这样对他/她说:

◎ "差不多正确。"
◎ "有一半是对的。"
◎ "聪明的推测。"
◎ "继续努力,你已经靠近了。"
◎ _____

(资料来源:贝内特.师范学院学不到的[M].张明霞,译.北京:中国青年出版社,2008:34-36.)

3. 令人信服的双面论据。

学界对李泽厚的评价,几乎是一边倒。有著者称1980年代"几乎每个文科大学生宿舍都能找到李泽厚的《美的历程》"（杨斌语），李泽厚的书中散落许多"一句顶一万句"的话语，更有"李泽厚先生对人类的贡献应是继康德之后的又一座世界高峰"（邓德隆致信安乐哲语）。

（资料来源：邓德隆.杨斌.李泽厚话语.华东师范大学出版社，2014.1.5.9）

人家向沈从文说起李泽厚的《美的历程》，沈老师很含蓄地说："李泽厚看的东西还不够多，我愿意给他看点东西。"你要知道，很少有人够资格这样说话。这不是沈先生看得很多很多，而是说，他深深知道眼界是认识的前提。

（资料来源：陈丹青.退步集[M].桂林：广西师范大学出版社，2005：171.）

假如你要向学生介绍李泽厚这位哲学家的思想，你将会怎样处理对立立场的教育信息呢？

_____
_____
_____

我并不是全盘否定刘小枫，他的才气，他的勤奋，他的博览群书，这我都承认，问题在于他没有用一种学者的眼光去研究，而是一味地迎合某种情绪化的东西。情绪化的东西作为一种意见也未尝不可，我们不能要求每个人都没有情绪，但既然是做学问，还得按照学术规范来。实际上，很多年轻人受他影响，被他那层看似讲学理实则什么学理都不讲的东西迷惑，以为他讲的都有道理，这种影响很不好。在年轻人中，很多人讨厌学理，喜欢那一套大而化之的东西，即便我把他批评了一番，大家还是觉得刘小枫更可爱一些，中国人的思维就是这样，这是没有办法的事情。

（资料来源：吴亚顺.对话邓晓芒：否定启蒙？用心或糊涂[N].新京报，2013：11－30.）

你如何看待邓晓芒看重刘小枫的"做学问的方式和思维方式上的缺陷"？另推荐同学们阅读邓晓芒和刘小枫在网络上争辩的文章。

_____
_____
_____

4. 问题和好处一样多。

（1）大众传媒的良莠不齐。

在我们这里，在我们这个国家，人们就觉得一个写书的人或者一个画画的人，不能很有钱，觉得你有钱就是违背了职业的初衷，但其实我觉得这些人更应该有钱，这些人只有有钱了才能更有骨气，因为有的时候骨气是跟钱联系在一起的，比如有的时候你都快饿死了，你还哪来的骨气啊，人家让你说什么你就说什么。

（资料来源：韩寒与陈丹青对话时的发言.湖南《零点锋云》栏目组.你对这个时代满意吗[M].南京：江苏文艺出版社，2011：10－11.）

你认为这段话的逻辑错误在哪里？认识错误又在哪里？如果这个纸质材料为小学生中的"韩粉"看见，对他们可能产生什么样的影响？

_____
_____
_____

(2) 自幼失母恃的王国维。

我们从《诗经》里就可以读到,"无父何怙,无母何恃"。缺乏母爱的孩子是很可怜的,在所入仅是温饱的家庭里,当然不可能雇请专职奶奶,幼小的王国维只能交托祖姑母抚养。他自称"体素羸弱,性复犹豫",实在与他自幼失母恃相关。王国维后来主编《教育世界》杂志,十分关注幼儿教育,亲自译述《叔本华的遗传说》,并写《书后》列举孟子所以成为圣贤,由于有贤母;曾国藩兄弟所以有"刚毅性格",亦得自母教。他还专门撰文介绍"老夫少妻型"的歌德父母,说,老成的父亲是位法律学家,教子严苛,执意要养成歌德果敢之性;而年轻美丽的母亲则温柔活泼,爱抚之外,更以各种富有想象的童话故事开启歌德的智慧。字里行间表露了王国维十分向往歌德有一位"容止娴雅,饶于艺术之趣味"的贤母,称赞歌德:"诗才之高,寓言之妙,想象力之丰富,谓非传自乃母,安可得乎?"

(资料来源:陈鸿祥.王国维传[M].南京:江苏文艺出版社,2010:9.)

没有母亲的王国维,后来成为国学大师。读了以上文字,对于幼时只有庭训的王国维,你认为他缺失了什么?

_____

_____

(3) 朱光潜谈交友。

世界最酷毒的刑罚要算幽禁和充军,逼得你和你所常接近的人们分开,让你尝无亲无友那种孤寂的风味。人必须接近人,你如果不信,请你闭关独居十天半个月,再走到十字街头在人群中挤一挤,你心里会感到说不出来的快慰,仿佛过了一次大瘾,虽然街上那些行人在平时没有一个让你瞧得上眼。一个人的好坏,朋友熏染的力量要居大半。既看重一个人,把他当作真心朋友,他就变成一种受崇拜的英雄,他的一言一笑、一举一动都在有意无意之间变成自己的模范,他的性格就逐渐有几分变成自己的性格。同时,他也变成自己的裁判者,自己的一言一笑、一举一动,都要顾到他的赞许或非难。一个人可以蔑视一切人的毁誉,却不能不求见谅于知己。每个人身旁有一个"圈子",这圈子就是他所常亲近的人围成的,他跳来跳去,常跳不出这圈子。在某一种圈子就成为某一种人。圣贤有道,盗亦有道。隔着圈子相视,尧可非桀,桀亦可非尧。究竟谁是谁非,责任往往不在个人而在他所在的圈子。

(资料来源:朱光潜.谈修养[M].桂林:广西师范大学出版社,2008:104-105.)

结合自己的实际,谈谈你如何看待同辈群体可以满足儿童的社会需要,以及他们对于"圈子"的归属感。

_____

_____

_____

_____

_____

课节 2
品德发展

目标达成 本课节结束,你要能够:
1. 理解并掌握品德发展的实质;
2. 掌握道德判断二水平论和道德发展三阶段论;
3. 掌握对偶故事法和道德两难故事法。

预计时间 50分钟。

活动准备
备好"道德两难故事"的案例。

主要活动
活动1 品德发展的实质。
活动2 研究儿童品德发展的工具。

活动1 品德发展的实质

活动目标 对品德发展概念的科学理解。

活动交代
1. 考察:品德发展的内部矛盾。
2. 过程:知、情、意、行协调发展。

活动过程
1. 考察:品德发展的内部矛盾。
(1) 品德与品德发展过程。

品德是个体根据社会道德而行动之时表现出的社会的心理特征与倾向。

品德的发展过程就是将外在的社会道德规范内化为个体内在的道德行为观念,进而依据个人的道德价值取向,表现出稳定的道德规范行为的过程。

(2) 如何认识品德发展？最根本的认识方法是矛盾分析法。其间,品德发展过程有怎样的基本矛盾？

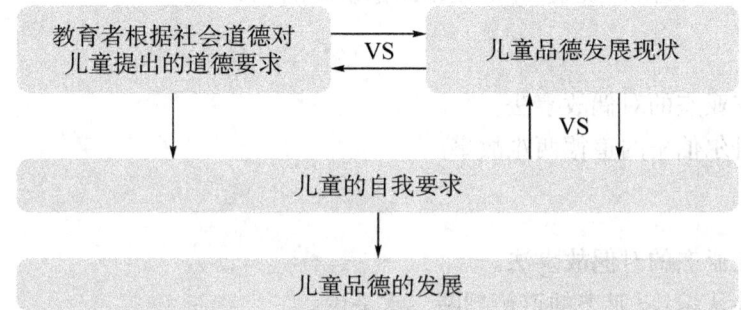

如何理解这个模型？想想看,有时候教育的无效,在于教育者的道德要求未能导致儿童的变化,因为儿童有自己的选择。哪一种情况才会导致儿童发生变化呢？只有外在的教育者的道德要求转变成学生的自我要求,并与儿童的品德发展现状产生了真正的内部矛盾时。

(3) **问题**：品德发展的真正动力在哪里？请在上图里予以标示。

_____

(4) 理论提升：

儿童品德发展的根源不在儿童的外部(譬如：学校、_____、_____),而在于儿童内部的矛盾性(即_____的矛盾),这个矛盾是推动儿童品德发展的源泉和动力,发展是这个矛盾的双方既相对立又统一的结果。

让我们换一个表述方式,儿童的内在矛盾斗争即自我教育是内因,教育乃外因,儿童品德发展乃教育(外因)和自我教育(内因)共同作用的结果使然。

2. 过程：知、情、意、行协调统一发展。

品德包含道德认识、道德情感、道德意志和道德行为等四个基本心理特征。品德发展是此四因素协调、统一的运动。其中道德认识是基础,道德情感是动力,道德意志是调控,道德行为是前三者的综合表现(亦是品德发展水平主要标志)。

道德认识 ⟶ 道德情感 ⟶ 道德意志 ⟶ 道德行为

问题：如何理解儿童品德教育的顺序性与多端性？

_____

_____

活动2　研究儿童品德发展的工具

活动目标　掌握两种观察、评价儿童品德发展的工具。

活动交代
1. 研讨:皮亚杰的对偶故事法。
2. 研讨:科尔伯格的道德两难故事。

活动过程
1. 研讨:皮亚杰的对偶故事法。
(1) 基础性认识:皮亚杰的道德判断二水平论。

阶段	基本特点	举例
0～6岁 (无道德规则阶段)	游戏中:不合作、无规则、无约束力	下棋处于劣势时,把棋盘掀翻;要求连下两步;说好上街不买东西,可是一会就推翻刚才的约定
水平一:6～10岁 (他律道德阶段)	1. 对规则的无条件服从; 2. 以自我为中心; 3. 从行为的后果而不是行为的动机来判断行为的责任	"老师说的!"(最充分的理由)
水平二:10岁以后 (自律道德阶段)	1. 开始依据自己的内在标准进行判断; 2. 规则不是绝对的,可与他人相互尊重和合作,共同制定规则; 3. 能站在他人立场考虑问题; 4. 更多地从行为的动机而不单纯是行为的后果来判断行为的责任	联系个人实际来举例: _____ _____ _____ _____

(2) 对偶故事法:让儿童对两个情节相似、性质不同的道德行为事件作对比评价。

A. 有一个小男孩叫朱利安。他的父亲出去了,朱利安觉得玩他爸爸的墨水瓶很有意思。开始时他拿着钢笔玩,后来,他在桌布上弄上了一小块墨水渍。

B. 一次,一个叫奥古斯塔斯的小男孩发现他父亲的墨水瓶空了。在他父亲外出的那一天,他想把墨水瓶灌满以帮助他父亲,这样,在他父亲回家的时候,他将发现墨水瓶灌满了。但在打开盛墨水的墨水瓶时,他在桌布上弄上了一大块墨水渍。

(资料来源:皮亚杰.儿童的道德判断[M].傅统先,陆有铨,译.济南:山东教育出版社,1984:138-139.)

作业:分别找5岁、7岁、9岁的三位儿童,让他们比较两个故事中的行为者,做出谁更应该遭到责备的判断。看看他们的道德判断是不是有如皮亚杰所言:儿童的道德判断有一个明显的"从效果到动机"的发展过程。

_____
_____
_____
_____

(3) 启示:皮亚杰有这样的道德教育目标观点:道德教育的目的就是让儿童获得自律道德,使其认识到道德规范是在相互尊重与合作之上形成的。你如何看待教育者与儿童的关系?

_____
_____

2. 研讨:柯尔伯格的道德两难故事。

(1) 基础性认识:柯尔伯格的道德发展三水平六阶段论。

水平	概述	阶段	特点
水平一:前习俗水平	个体着眼于人物行为的具体结果及其与自身的利害关系,认为道德的价值不是取决于人或准则,而是取决于外在的要求	1. 惩罚服从取向阶段	个体的道德价值来自对外力的屈从或逃避惩罚。他们衡量是非的标准是由惩罚来决定的,认为只要受到惩罚,不管其理由是什么,那一定是错。对成人或准则采取服从的态度,缺乏是非善恶的观念,判断好坏只注意行为的结果,而不注意行为的动机
		2. 相对功利取向阶段	个体的道德价值来自满足自己的需要或获得奖赏。在进行道德评价时,开始能从不同角度将行为与需要联系起来,但具有较强的自我中心性,认为符合自己需要的行为就是正确的。判断行为的是非善恶时,主要根据它是否能满足自己需要的工具性价值,而不注意行为的客观结果
水平二:习俗水平	个体着眼于社会的希望和要求,能够从社会成员的角度思考道德问题,已经开始意识到个体的行为必须符合社会的准则,能够了解和认识社会规范,并遵守和执行社会规范	3. "好孩子"取向阶段	个体的道德价值以人际关系的和谐为导向,顺从传统的要求,符合大众的意见,谋求大家的赞赏。在进行道德评价时,总是考虑到社会和他人对"好孩子"的期望和要求,并尽量按"好孩子"的标准去行动。对于行为的是非善恶,开始从行为的动机入手来进行判断,认为有利于他人的就是好的,利己的就是不好的
		4. 遵循权威取向阶段	个体的道德价值以服从权威为导向。他们服从社会规范,遵守公共秩序,接受社会习俗,尊重法律权威,以法律观念判断是非,知法守法;认为只要行为违反了规则,并给他人带来伤害,不论何种动机,都是不好的。相反,凡是维护权威和社会准则的行为,就是好的、正确的

续表

水平	概述	阶段	特点
水平三：后习俗水平	个体不只是自觉遵守某些行为规范，而且能以普遍的道德原则作为自己行为的基本准则，能从人类正义和个人尊严的角度判断行为的对错。此时，其道德判断的标准已超出外在的法律和权威，而源于自身内部的道德命令	5. 社会契约取向阶段	个体开始认识到，法律或习俗的道德规范仅仅是一种社会契约，它是由大家商量决定的，也可以由大家商定而改变。认为只有公正无私的行为才是道德的，错误行为可以因其动机良好而减轻惩罚的程度，但并不会因为其动机良好而把错误行为也看作是正确的
		6. 普遍原则取向阶段	个体的道德价值以基于自己的良心所选择的普遍道德原则为导向。他们对是非善恶的判断有自己独立的标准，超越了现实道德规范的约束，行为完全自律。在进行道德判断时，能超越以前的社会契约所规定的责任，而以正义、公平、平等、尊严等最一般的原则为标准进行考虑。当根据自己所确立的原则活动时，个体就会觉得心情愉快；相反，当行为背离了自己的道德标准时，就会产生内疚感和自我谴责感

（资料来源：伍新春.儿童发展与教育心理学[M].北京：高等教育出版社，2004：336-338.）

（2）道德两难故事法：故事中内含一个在道德价值上呈现矛盾冲突的情境，让儿童对故事中的行为者进行评价。举例如下：

海因兹偷药救妻两难

法国有个叫哈尔塔的小镇。镇上有个妇女患了一种特殊的癌症，生命垂危。医生认为只有一种药能救她，就是本镇一个药剂师最近发明的镭。药剂师花了400美元制造镭，但一小剂他竟索价4000美元。病妇的丈夫海因兹到处借钱，试过各种合法手段，可只借到2000美元，只够药费的一半。不得已，他只好告诉药剂师他的妻子快要死了，请求药剂师便宜一点卖给他，或者允许他赊账，但药剂师说："不行！我发明这种药就是为了赚钱。"实在是别无他法，海因兹最后决定晚上撬开药剂师的仓库门，把药偷走，挽救妻子的生命。

（资料来源：里德.追随科尔伯格：自由和民主团体的实践[M].姚莉，等译.哈尔滨：黑龙江人民出版社，2003：1-2.）

海因兹该不该去偷药？若应该偷，为什么？若不应该偷，为什么？海因兹偷药是对还是错？为什么？

_____

_____

火车往哪里开

某地由于道路改建，旧的火车轨道不用了，但旧轨道并没有拆除。在新建的轨道旁，竖了一块牌子，上写"严禁在此轨道玩耍"。几个学生放学后来这里玩，有一个学生看到牌子上的警告后，劝另外三个学生不要在新建的轨道上玩，但那三个学生不予理会。为了安全，他自己跑到旧轨道上去玩。这时,火车疾驰而来,学生们已经来不及从轨道上离开。假定当时有个控制装置可以决定火车往哪个方向开,即让火车沿着新的轨道或是沿着原来的轨道开,这时控制员将作出选择。

[资料来源:张锐.道德两难情景分析:提升德育效果的切入点[J].天津教育,2007(10):38-39.]

① 若你是那位控制员,你会将火车引向何方?是开往旧轨道还是新轨道?为什么?
② 若你是三个在新轨道上玩耍的学生之一,你希望控制员把道岔扳向何方?为什么?

(3) **提示**:科尔伯格假定儿童经由这些两难问题的讨论,能理会与同化高于自己一个阶段的伙伴的道德推理,并拒斥低于自己道德阶段的伙伴的推理,由此获得道德判断水平的提升。由此,你如何看待品德发展的实质?

课余作业

借助 CNKI 阅读有关对偶故事法和道德两难故事法的论文,记下其中的案例,尝试做学理解读。要求:记录两类案例各两例,并试着按照皮亚杰、科尔伯格的分析框架来做讨论。

拓展阅读

课后请阅读以下文献,重点阅读其中论及品德发展或教育的观点及案例。

[1] 皮亚杰. 儿童的道德判断[M]. 傅统先,陆有铨,译. 济南:山东教育出版社,1984.

[2] 贝内特. 师范学院学不到的[M]. 张明霞,译. 北京:中国青年出版社,2008.

[3] 孙云晓. 向孩子学习[M]. 昆明:晨光出版社,1998.

[4] 陈丹青. 退步集[M]. 桂林:广西师范大学出版社,2005.

[5] 李泽厚. 李泽厚话语[M]. 上海:华东师范大学出版社,2014.

[6] 湖南《零点锋云》栏目组. 你对这个时代满意吗[M]. 南京:江苏文艺出版社,2011.

[7] 陈鸿祥. 王国维传[M]. 南京:江苏文艺出版社,2010.

[8] 朱光潜. 谈修养[M]. 桂林:广西师范大学出版社,2008.

[9] 伍新春. 儿童发展与教育心理学[M]. 北京:高等教育出版社,2004.

[10] 陈威. 小学生认知与学习[M]. 北京:高等教育出版社,2013.

[11] 刘再复,刘剑梅. 教育论语[M]. 福州:福建教育出版社,2012.

[12] 刘小枫. 这一代人的怕和爱[M]. 北京:华夏出版社,2007.

[13] 赫胥黎. 赫胥黎自由教育论[M]. 潘光旦,译. 北京:商务印书馆,2014.

[14] 杨东平,黄胜利,邓峰. 中国教育发展报告(2014)[M]. 北京:社会科学文献出版社,2014.

[15] 瓦尔特. 哲言集:我与他[M]. 陆世澄,等译. 北京:生活·读书·新知三联书店,2006.

[16] 周有光. 百岁所思[M]. 天津:百花文艺出版社,2014.

[17] 蒋勋. 生活十讲[M]. 桂林:广西师范大学出版社,2010.

[18] 三毛. 雨季不再来[M]. 北京:北京十月文艺出版社,2011.

案例展示

电影《黑板》赏析。

设计意图与目标:欣赏两位背着黑板的流浪老师穿山越岭寻找愿意接受教育的孩子的故事。体会在两伊战争期间,为了背负的信仰,流浪老师如何以其实际行动感动世人。请看完电影后写下你对"苦难中的心灵涤荡""苦难中的诗性教育""苦难中的黑板文化"的理解。

_____
_____
_____
_____
_____

后 记

作者自 2005 年起开始执教德育原理，2009 年开始接触"参与式教学法"，2014 年开始运用参与式教学法和对分教学法于课堂，并着手编写基于"明辨性思维"的"德育原理学案"，作为学生研习这门功课的主要材料，至今（2022 年）已有八届学生。从学生的教学反馈和同行评价来看，这样的教学方法、方式得到了认可。最硬的证据就是学生选择我为本科毕业论文指导教师之时，纷纷选择德育原理及与此相关的明辨性思维、儿童哲学、参与式教学法与对分教学法作为选题。这增添了我继续运用上述方法开展教改实验的信心。

本书最大的特点是动用"明辨性思维"，使用"参与式教学法"和"对分教学法"。相信阅读了全书的读者从中有所发现：它真正将课堂交给学生，而学生要在学案的提示下，做一些基本功（查资料、小组讨论、形成文字资料、制作 PPT、组织参与式教学语言），以及做一些参与准备（学习小组长群发布任务信息、参与必要的讨论、回应重要的观点）。可以这样说，作者执教的德育原理既有学案材料的知识性保证，又有课外作业的任务性规约，从而使得他们忙了起来。

在具体的实操中，我将全班分为九个小组，按循环报数的方式随机安排位置。那么实际上每堂课要分为组织教学的"任务组"（1 个）和参与学习的"学习组"（8 个），每个小组在本学期都有两周的"任务组"值周。实事求是地说，"任务组"的学习效果要明显好于"参与组"，其讨论质量、论辩水平、反思水准均是后者不可比拟的。这就是我的困惑：如何调动"学习组"的参与积极性？如何深刻把握"参与式教学法"和"对分教学法"的意蕴风骨？我还有很长的路要走。

因此，我希望全国小学教育本科专业的同道者，对"参与式教学法"和"对分教学法"感兴趣的研究者，以及关注"德育原理"开新方、创新路的探究者，让我们携起手来，共同突破"德育原理"的理论执教瓶颈，找到行之有效的金石之计。囿于本书的实验性质，难免会有许多瑕疵，望同行不吝指教。

作者邮箱：326995748@qq.com
2022 年 7 月 31 日于贵阳梅兰山家中